MICHEL CASTEX

UN MENSONGE GROS COMME LE SIÈCLE

Roumanie, histoire d'une manipulation

Albin Michel

A GAZELLE,
ma princesse roumaine à jamais préférée.

A Louis BESSIÈRES,
prince sans rire.

22, rue Huyghens, 75014 Paris

ISBN 2-226-04807-3

INTRODUCTION

Adieu Cendrillon

« Mon vieux, on s'est drôlement fait baiser. » Je place cette phrase en exergue de ces feuillets écrits au galop. C'est une remarque qui n'a pas l'élégance et la fausse profondeur de tant d'aphorismes, mais elle a du moins ce mérite : tout y est dit en huit mots, ce qui n'est pas bavard, et sous la forme honorable du *mea culpa*. Elle est tombée un jour de janvier des lèvres d'un confrère qui en avait vu d'autres pourtant, à traîner avec ou sans battle-dress, ces vingt dernières années, dans tous les coins de la planète où les humains se firent toutes les crasses et crosses qu'on sait.

C'était dans un petit café, rue de la Banque, à deux pas de la place de la Bourse, où la concentration en journalistes au mètre carré n'a d'égale que celle des virtuoses du Dow Jones et du Nikkei. Devant des verres pleins de je ne sais plus quoi, nous parlions de la Roumanie, et c'était bien notre droit après tout puisque tous deux nous venions de couvrir la Révolution roumaine. Mais l'avions-nous vraiment couverte?

Couvrir, on sait ce que le terme a de connotations

amoureuses, pour parler trois secondes comme à la Sorbonne. Le chien couvre la chienne et le journaliste l'événement, si possible avec le maximum de pénétration. Belle formule qui permet de filer la métaphore, alors filons. Mauvais amants nous fûmes, mauvais chiens privés de flair. Nous avons mal couvert la Révolution roumaine. On nous l'avait présentée comme une superbe créature, spontanée, issue du peuple dont elle avait la grâce et la sauvage beauté. Voici, nous disait-on, voici que Cendrillon, ah! quelle audace, s'est enfin révoltée au pays des Daces, après trop longtemps d'esclavage, de plaies et de bosses, dans la maison peuplée de morts d'un maître dément et d'une marâtre carabosse. Cette jeune femme Révolution est à vous, journalistes de tous les pays d'Occident, nous vous l'offrons! Voyez comme elle est belle ainsi dressée sur le cadavre des tyrans, avec en sautoir sur le chemisier la pourpre du sang versé d'un horrible génocide. Et ce parfum qui tant vous grise, c'est celui de la poudre des combats.

Alors nous avons couvert cette Cendrillon-là, mais nous l'avons couverte dans le noir; et nous n'avons pressenti qu'après, en actionnant l'interrupteur de la raison critique, que nous avions peut-être pressé de faux seins sous le corsage, caressé sous la jupe une peau synthétique, dans ce grand bordel de l'Histoire en marche.

Oui, la Révolution que nous venions de couvrir, après qu'on nous l'eut aimablement jetée dans les bras, n'était pas vraiment cette femme ardente et vibrante. Et nous vint l'horrible soupçon d'avoir couvert, qui sait, une poupée gonflable. Nous avions cru couvrir, et nous nous étions fait baiser. *Mea maxima culpa.*

Que les choses soient claires, je ne vais pas pleurer ici sur la chute d'un clan qui avait mis le pays en coupe réglée, le privant peu à peu de tout par une politique économique aberrante, et avait entrepris, sous la conduite d'un parrain mégalomaniaque et d'une épouse admirablement assortie, de raser des milliers de villages roumains pour les remplacer par des ensembles HLM. Même les yeux rendus vitreux par la mort, ils ne m'émeuvent pas, eux qui terrorisèrent tant d'années leurs concitoyens, écrasés sous la botte de l'omniprésente Securitate; écrasés sous l'insupportable suffisance de ce couple d'incultes roitelets communistes qui s'étaient déjà choisi un héritier du trône en la personne de leur fils le plus taré, Nicu le fêtard, grand picoleur et baiseur de rombières qui n'osaient pas résister à son pedigree de fils du génie des Carpates.

Oui, je me réjouis de la fin misérable du chef de bande, et que son fils ne puisse jamais coiffer, même de traviole, son ubuesque couronne, lui qui, dit-on, pissa un jour sur des huîtres lors d'un banquet trop arrosé. Huître ou ne pas huître, Nicu, on a la question qu'on mérite. J'écris ceci avec agacement, car on a trop mis le condiment Shakespeare à cette sauce.

Mais ces pages n'ont pas pour but de jubiler sur la pitoyable fin du père et de la mère Ubu de Bucarest, non plus que de dessiner le futur encore incertain d'une Roumanie libre sur le chemin de la démocratie. Les spécialistes s'en chargeront. Elles veulent simplement répondre à une question de fond : la Révolution roumaine a-t-elle été, oui ou non, ce soulèvement spontané d'un peuple contre son tyran, né à Timisoara, avant de s'étendre au pays tout entier? Aujourd'hui encore, les nouveaux dirigeants jurent leurs grands dieux que ce fut le cas, qu'eux-mêmes ont été pris de court et, surtout, que rien n'avait été préparé de concert avec Moscou. Pas de téléguidage donc, mais un héroïque et brutal réveil populaire, si longtemps attendu. Voilà la version officielle. C'est une version admirable, glorieuse, nationaliste, frappée au coin du romantisme. On aimerait y croire, on regrette de ne pas pouvoir. Trop de mensonges nous ont rendus méfiants.

Car je ne crains pas de le dire d'emblée : le mensonge fut le socle fondateur de la Révolution roumaine. Les cyniques diront « qu'importe le flacon pourvu qu'on ait l'ivresse », ou « la fin justifie les moyens »; mais on ne m'empêchera pas de penser qu'il est toujours dommage pour une révolution d'être fondée sur le mensonge. Je vois déjà se hérisser par milliers les chevelures, mais c'est ainsi.

Souvenez-vous, Roland Dumas parlait d'envoyer des brigades internationales pour lutter aux côtés des insurgés contre l'ogre sanguinaire de Bucarest. Pour ses gros titres, la presse française avait ressorti Dracula de ses tiroirs. Après tout, pourquoi faire dans le détail? Les éditoriaux stigmatisaient jour après jour la goule assoiffée de sang; on découvrait d'ignobles charniers à Timisoara, où des milliers de corps éviscérés et recousus rappelaient les pires horreurs nazies.

Ceausescu devenait du même coup un monstre dément, un mélange d'Adolf Hitler et de docteur Mengele; une bête fauve qu'il fallait abattre par tous les moyens avant qu'il ne mène à son terme, avec la terrible Securitate, un génocide déjà largement entamé, qui, disait-on, avait coûté la vie à plus de soixante mille Roumains.

En écrivant ces lignes, j'ai près de moi des journaux empilés, tous datés de ces folles journées. Voici, en vrac, quelques titres et légendes de photos, histoire de nous rafraîchir la mémoire.

« Le long calvaire de Timisoara. Au bout de l'horreur. Dans la ville martyre, la folie meurtrière des forces spéciales de Ceausescu n'a épargné personne. Au milieu de ce charnier, une femme enceinte éventrée et son bébé assassiné. »

« Le peuple a fait tomber son bourreau. 4 630 cadavres découverts à Timisoara. »

« Guerre civile à Bucarest. Des centaines de morts gisent sur le pavé des rues de la capitale. Les derniers fidèles de Ceausescu déchaînés contre les Roumains. »

« Sibiu : un massacre au canon. Soixante-douze heures de combats acharnés ont fait cinq mille morts dans cette ville de Transylvanie. »

« L'insupportable vérité. Les charniers de Timisoara proclament à la face du monde l'horreur du régime Ceausescu. Une réalité que les démocraties occidentales ont refusé pendant longtemps d'admettre. »

« Un dernier bain de sang pour Ceausescu. La Roumanie est libre. Mais elle a payé sa liberté au prix fort. Alors que le centre de Bucarest résonnait encore des fusillades, Timisoara exhumait un charnier de 4 630 cadavres. »

« Roumanie : Ceausescu et sa femme jugés et exécutés. Après l'horreur, la vengeance. Un premier bilan : soixante mille morts depuis le début des émeutes. »

J'arrête là le florilège. On pourrait l'allonger indéfiniment, en se disant, mais c'est une piètre consolation, qu'on trouverait grosso modo le même, aux mêmes dates, dans tous les journaux d'Occident.

Eh bien non, il n'y a pas eu de génocide en Roumanie et c'est tant mieux. Il n'y a pas eu de milliers de cadavres jetés dans des charniers à Timisoara, et la photo terrible de la femme à l'enfant – rappelez-vous, elle fit un peu partout la « une » des journaux du monde entier – n'était qu'une macabre mise en scène de corps récupérés à la morgue de la cité qu'on continue d'appeler « ville martyre ». Il n'y a pas eu cinq mille morts à Sibiu, l'ancien fief de Nicu Ceausescu. Il n'y eut pas de mercenaires étrangers livrant combat aux côtés de la Securitate.

Il n'y a pas eu, il n'y eut pas... Si la Révolution roumaine se cherchait un hymne, ce pourrait être son refrain.

Soyons sérieux. Aujourd'hui, le bilan le plus récent des victimes, évoqué entre deux virgules lors du procès récent de quatre misérables et veules caciques du régime défunt, fait état de 689 morts. On se réjouit de la baisse; après l'irrésistible flambée des cours de décembre, elle assainit enfin le marché des valeurs, à la bourse des morts de Bucarest.

Mais dès lors, il faut bien admettre une chose :

au-delà des actes de courage d'une petite partie de la population, la jeunesse surtout, l'un des personnages centraux de la Révolution roumaine a bel et bien été l'intoxication. Une intoxication remarquable, sans précédent, à laquelle se sont laissé prendre les médias occidentaux, qui ont relayé comme un seul homme les informations les plus folles, tétanisant une opinion qui ne demandait qu'à croire à toutes ces horreurs, dès lors qu'elles étaient attribuées à un dirigeant honni, dont la chute était souhaitée par tous, de part et d'autre de l'ancien rideau de fer.

Ici, on ne peut pas ne pas relever un fait aveuglant : presque toutes les informations apparues *a posteriori* comme fausses ou considérablement grossies, mais dont l'impact médiatique international fut chaque fois considérable, sont toujours venues des pays de l'Est. Je le démontrerai plus loin.

En d'autres termes, il y eut un chef d'orchestre, et nous pouvons lui tirer notre chapeau; il connaissait la musique et ses effets pathétiques. Il en joua de main de maître, et nous, médias du monde libre – des grandes agences internationales aux journaux dits populaires, en passant par les radios et les télévisions –, nous pouvons nous interroger sur la tâche qui nous fut assignée, malgré nous, de répercuter la musique et d'en multiplier les décibels, comme Jésus fit naguère avec le pain. Oui, nous devons nous interroger, pour ne plus jouer aussi facilement à l'avenir ce rôle de gigantesque paire de baffles, que nous méritons.

Et qu'on ne vienne pas me dire qu'après tout c'est sans importance, puisque la cause était bonne et que l'intox, cette fois, hâta la chute d'un tyran. Toute intox est mauvaise pour un journaliste, car elle en fait une dupe qui dupe elle-même l'opinion. Il ne faut pas chercher d'autre raison à ce livre.

Pour qui écrit avec le recul, dans le calme du cabinet de travail, il est toujours tentant d'avoir l'air plus intelligent que les autres, plus lucide. C'est l'air bien connu du donneur de leçons, il passe encore mieux avec une pincée de fausse modestie. On dit alors, sur un ton faussement apitoyé, qui est aussi celui des règlements de comptes de la petite épicerie plumitive : « Comment diable untel ou untel, qu'on pouvait croire des professionnels avertis, n'ont-ils pas senti un seul instant le fumet de l'entourloupe? »

D'entrée je le dis, ce ne sera pas mon air. Je le chanterais faux. Je n'étais jamais allé en Roumanie avant décembre, mais à Paris, avant mon départ, j'étais comme la plupart préparé par avance à tout admettre des turpitudes et des crimes qu'on voudrait bien me raconter sur l'*Ubu connection* de Bucarest. J'en donnerai la preuve, que j'espère amusante, en livrant ici trois des chroniques radiophoniques, consacrées à « l'air du temps », comme on dit, que je perpètre chaque jour avec la plus totale impunité sur les ondes du service Audio de l'AFP. Diffusées en novembre et décembre 1989, toutes trois ont pour théâtre la Roumanie.

Le mardi 14 novembre, je m'étais mué en dramaturge carpatique :

« La scène se passe dans la grande salle du Palais royal léniniste de Bucarest. Allongé sur un sofa, le roi Ceausescu Ier est sombre. Entre son fidèle conseiller, Popolescu le fourbe. Il est vêtu simplement d'un slip d'éminence de couleur grise, comme l'exige sa fonction.

– Oh, Danube de la pensée, quel est ce nuage sur ton front vaste comme la steppe, je te sens soucieux. Ton œil souverain d'aigle des Carpates n'a plus son habituel brillant, tes serres n'ont plus le tranchant de la faucille, ton poing n'a plus la virile frappe du marteau.

– Arrête ton baratin, Popolescu, tu me les brises. Ça sent le roussi, t'as plus d'odorat ou quoi? Ouais, je suis inquiet, voilà pourquoi je tire la gueule. Tu vois donc pas ce qui se passe autour de nous? Jour après jour, on est cernés par les démocraties. Moi, j'aimais bien les démocraties, quand elles étaient populaires. Je pouvais me permettre d'être impopulaire, j'avais tout juste l'air un peu plus salaud et givré que les autres. C'était le bon temps, Popolescu, on me foutait la paix. Aujourd'hui, tout s'effondre, je suis entouré de régimes à visage humain, avec à leur tête des nouveaux dirigeants sympas. C'est plus des vrais communistes, alors forcément je me fais du souci. Ah, Popolescu, vais-je pouvoir continuer mon œuvre? Il reste encore tant de monuments historiques à détruire en Roumanie, tant de beaux villages à rayer de la carte. Je ne suis plus sûr à présent que j'aurai le temps. Fais venir la bohémienne, Popolescu, je veux savoir...

Popolescu frappe dans ses mains. Entre la bohémienne. C'est une vieille édentée dont la voix traîne, comme ses pieds.

– Approche, bohémienne, sors ta boule de cristal, tes tarots, ton marc de café, concocte tes fumigations verdâtres, tranche la gorge des coqs noirs, fais ce que tu voudras, bordel, mais dis-moi l'avenir. Que vois-tu?

– Ô, luminaire danubien, je vois des voyages pour toi.

– Des voyages?

– Oui, je te vois descendre schuss des pentes neigeuses sur des skis. Ça ressemble à la Suisse.

– T'es sûre que c'est la Suisse, vieille pétasse?

– Certaine, certaine, grand lion de Bucarest, je vois même un petit chalet avec...

– Ça va, ça va, j'ai compris, fais-la sortir, Popolescu. Je la supporte plus, cette vieille me file des boutons.

Exit la bohémienne. Et, soudain, on entend une immense rumeur qui grandit. Popolescu se précipite à la fenêtre, il pousse un cri.

– Danube, Danube, le peuple en révolte monte vers le Palais! Il crie “ À mort le tyran ”, et des slogans fous, fous, fous : “ Ceausescu, coucou, c'est nous, on va te pendre par ton cou. ” Danube, vite, fuyons à Zurich, on y vivra comme des riches.

A ce moment précis, je me suis réveillé en sursaut dans mon lit. Une fois de plus, moi, Michel Castex, le Danube de rien du tout, je venais de faire un rêve prémonitoire. J'aimerais pas être à ta place, Ceausescu. »

Deux semaines plus tard, le mardi 28 novembre, le peuple roumain ne s'était toujours pas révolté. C'était vraiment incompréhensible. Ulcéré, je décidai de nouveau de passer à l'action. La chronique s'appelait cette fois « Mission Danube » :

« Quand le vieux a poussé la porte du petit café derrière la place Venceslas à Prague, j'en croyais pas mes yeux. Bon sang, ce qu'il avait vieilli. Je l'ai reconnu à son regard, c'est un regard qu'on n'oublie pas, une fois qu'on l'a vu. Le gris sale d'un fleuve qui aurait charrié trop de boue, trop de cadavres. Le vieux a vaguement souri, une esquisse. Il a dit : Mon cher, vous êtes toujours ponctuel, j'ai toujours aimé ce trait de votre caractère, Mike.

Ça m'a fait plaisir. C'est curieux, depuis toujours, j'aime et je hais le vieux tout à la fois. C'est ainsi, allez comprendre. Il s'est assis en disant : On attend quelqu'un. Il avait à peine fini sa phrase que ce quelqu'un est entré. Celui-là n'avait pas changé. La cicatrice en V barrait toujours le front de cette sombre crapule de Smirnov, le froid la rendait mauve, ça m'a fait jubiler. J'ai repensé à ce duel à mort à Vienne en 63, avec ce salaud efféminé qui me souriait aujourd'hui. Je me suis revu lui éclater le front avec le câble d'acier. Et, soudain, j'ai repensé à Tatiana; en un éclair elle m'est apparue mourante, allongée à l'arrière de la limousine, le chemisier déchiqueté rougi de sang, et me chuchotant son amour, auquel moi, pauvre con, je n'avais pas voulu croire... Où que tu sois, Tatiana, que le Seigneur des ombres veille sur toi, douce colombe.

Le vieux a toussoté, c'était signe qu'il allait parler. Messieurs, a-t-il dit, je ne vous demanderai pas de vous serrer la main, le passé n'a pas encore assez refroidi. Il a sorti deux enveloppes, une pour moi, l'autre pour Smirnov. A détruire après lecture, selon l'usage. Et le vieux a résumé la mission.

– On l'a baptisée " mission Danube ", a-t-il expliqué, la liberté d'un peuple asservi est en jeu. Un tandem Castex-Smirnov : pour la première fois, CIA et KGB marcheront la main dans la main, pour faire tomber Ceausescu.

Le plan était diabolique. Washington et le Kremlin s'étaient surpassés dans la rouerie. Moi, j'avais la tâche la plus difficile, comme toujours. A cause de mon charme jugé irrésistible, je devais séduire Elena, la femme du vieux Nicolae, et lui faire dans le gras du sein, après nos ébats, une piqûre discrète d'un produit foudroyant qui vous rend sur-le-champ intelligent et profondément humain. Le plan prévoyait qu'ainsi transformée elle ne pourrait plus supporter son tyran de mari deux secondes de plus et le tuerait elle-même ou ferait liquider par des sbires. Et c'est là que ce sadique de Smirnov entrait en scène. J'ai pensé, génial mais duraille. Et j'ai bien vu, à un coup d'œil de Smirnov, qu'il pensait la même chose.

Le vieux a tendu un petit boîtier. La piqûre. Puis il s'est levé, bientôt suivi de Smirnov. Je me suis retrouvé seul dans le petit café. Dans un miroir, j'ai rencontré mon reflet brouillé de quadragénaire descendant vers le Styx à grandes enjambées. Je me suis pas tellement plu. Alors j'ai sifflé coup sur coup trois vodkas bien tassées. A ta santé, Tatiana... »

C'est alors que mon fils s'est mis à lire à haute voix par-dessus mon épaule : « Quand le vieux a poussé la porte du petit café... » C'est quoi, papa, t'écris un roman? J'ai dit : Laisse tomber, fiston, et va me chercher la bouteille de Badoit. C'est vrai. Trois vodkas d'un coup, rien que de l'écrire, ça m'avait donné soif.

Ceausescu n'est pas parti en Suisse, où l'on ignore toujours le montant de ses avoirs, et le peuple ne l'a pas pendu par le cou; la piqûre dans le gras du sein d'Elena n'a pas été nécessaire. Erreur sur toute la ligne, donc. Mais à relire ces deux chroniques (la troisième va venir, ne vous inquiétez pas), je me dis qu'il n'est point la peine d'être un adepte du vieux Sigmund pour y reconnaître, même sous la forme du jeu et du pastiche, une pulsion assassine. Oui, dès novembre, et de fait bien avant, je souhaitais le pire à ce couple de vieux despotes, comme tant de confrères et plus généralement de Français. J'imaginais pour eux, sans une once de pitié, une fin sous le sceau de la vengeance populaire, à la façon de Mussolini et Clara Petacci, dont les corps furent pendus, la tête en bas, à un crochet de boucher. Mais en Roumanie, je le déplorais secrètement, on ne trouverait sans doute plus de tels articles de boucherie, la pénurie de viande épargnerait au « Néron » des Carpates cette ultime cruauté d'un peuple en révolte.

Car j'attendais, comme tous, cette révolte, je l'appelais de mes vœux. Elle me paraissait inéluctable, à la lumière des grands bouleversements de l'Est. Quand on s'appelle Gorbatchev, et qu'on refait toute la dentition communiste sous le signe de la blancheur et du sourire étincelant, on ne laisse pas au milieu de la mâchoire un répugnant chicot.

Voilà ce que je me disais; et, dois-je l'avouer, je

pestais contre la patience des Roumains, leur incroyable lenteur à se soulever, en dépit de l'exemple de tous leurs voisins, et du soutien manifeste, par avance acquis, du maître du Kremlin.

Décembre vint, et la révolution enfin éclata. Ouf! Et trois jours après, le 20 du même mois, je me déchaînai contre l'absence d'actions concrètes de la communauté internationale, européenne surtout, face au bain de sang dont les grands maîtres de l'intox avaient déjà ouvert les « vannes ». La chronique s'appelait « Ingérence », la voici :

« Allons, dit le juge, vous n'allez pas me dire que vous n'entendiez pas les hurlements, les appels au secours. Vous étiez le voisin de palier le plus proche. Et vous êtes resté tranquille devant la télé, vous n'avez pas songé à enfoncer la porte, à intervenir, à porter secours, ça ne vous est pas venu à l'esprit?

– Ben, monsieur le juge, je me doutais bien à vrai dire. Quand je suis sorti sur le palier, j'ai vu du sang sous la porte, qui imbibait déjà le paillasson. J'en ai fait la remarque à ma femme. Je lui ai dit : Oh là là, il se passe des choses terribles à côté.

– Du sang sur le paillasson, Seigneur, il a vu du sang sur le paillasson et il rentre tranquillement chez lui; il se plante des boules Quiès dans les oreilles, et pique un roupillon en se disant : Oublions, oublions, c'est pas nos oignons.

– Monsieur le juge, j'ai quand même parlé aux autres voisins de l'étage, et à ceux du dessus et du dessous. Eux aussi entendaient tout. On a discuté, mais on a conclu que si on intervenait, c'était de l'ingérence.

– De l'ingérence, doux Jésus, il a dit ingérence. Alors, sous prétexte que charbonnier est maître chez soi, on le laisse tuer tout le monde; après tout, n'est-ce pas, c'est son couteau, et il est chez lui. Vous voulez que je vous dise? Votre non-ingérence, c'est de la non-assistance à personne en danger de mort. C'est de la lâcheté, vous me dégoûtez...

– Monsieur le juge, on a quand même frappé sur la porte, on a même crié : Arrêtez le massacre...

– Et alors?

– Le type a répondu : Je vous emmerde, en plus vulgaire.

– Et ça vous a suffi? On frappe, on dit halte au massacre, et si le massacre continue, eh bien tant pis! Bon sang, je ne supporte plus votre tête d'hypocrite qui suinte les bons sentiments. Tiens, je suis sûr que vous passez pour un homme honnête, soucieux des valeurs humanitaires.

– C'est vrai, monsieur le juge, j'ai ma carte d'ennemi du crime et de l'oppression.

– Il a sa carte! Bon sang, ce type me tuera, il a sa carte et il n'intervient pas pour empêcher le crime et l'oppression quand ça se passe sur son palier. Vous connaissiez pourtant parfaitement, ainsi que les autres voisins, le terrible malheur de cette famille, la folie du maître de maison; il existait de nombreux rapports établissant qu'il était un malade profond, un dangereux mégalo. C'est un miracle qu'il reste des survivants dans cette pauvre famille. Et c'est cela votre crime, de n'avoir pas compris qu'il y avait là un devoir d'ingérence. Pour empêcher ce maboul, ce locataire dément, comment s'appelle-t-il déjà?

– Ceausescu, monsieur le juge, Nicolae Ceausescu... »

Oui, voilà quel était mon état d'esprit. J'étais comme le ministre évoqué plus haut, des brigades internationales ne m'auraient pas déplu; je suis sûr que, par milliers, les jeunes Français se seraient rués dans les bureaux de recrutement si le gouvernement avait décidé d'en ouvrir. Et quand je suis parti pour le pays de l'ogre, à la veille de ce Noël du bicentenaire de notre Révolution, pour en couvrir une autre, j'étais moi aussi une proie offerte aux maîtres de l'intox.

Je me souviens. Et souviens-toi aussi, Marie-France Osenda. Lorsque nous avons pris l'avion pour Varna, en Bulgarie, d'où nous devions être ensuite acheminés par autobus vers Bucarest, avec l'habituelle et exquise gentillesse de Médecins du Monde, nous étions convaincus que nous allions plonger dans une atroce guerre civile. Que déjà des dizaines de milliers de cadavres jonchaient un peu partout les villes du pays. Et que les journalistes occidentaux allaient payer cette fois le prix fort. Jean-Louis Calderon venait de se faire écraser sous les chenilles d'un char. Et quand nous passâmes le poste frontière de Russé, sur la route Varna-Bucarest, notre première dépêche d'envoyés spéciaux fut pour dicter par téléphone aux sténos de l'Agence France-Presse la mort d'un autre journaliste, belge cette fois, que ses confrères avaient dû abandonner sur place, non loin de la capitale roumaine, avant de regagner Varna, traumatisés, dans leur voiture criblée de balles.

Génocide, terreur sanglante, folle cruauté d'une Securitate surarmée et désespérée, muée en division

Das Reich et prête à livrer combat jusqu'au bout dans un épouvantable chant du cygne, en faisant du pays tout entier un géant Oradour : la psychose était telle que nous fûmes invités – en prévision d'éventuels snipers des grands chemins – à placer nos bagages contre les vitres des autocars affrétés par Médecins du Monde pour gagner Bucarest. Mais il n'y eut pas de snipers. Et le paysage était joli : champs cultivés, villages aux maisons riantes, agrémentées de galeries de bois peint sur les façades. Nulle trace de guerre civile. Dans les quelques villes traversées, nous vîmes pourtant la misère et la promiscuité. Elle avait son sale visage de béton déglingué. C'étaient les HLM cages à lapins, et des milliers de linges bariolés flottaient aux fenêtres, où s'accoudaient les gens qui nous faisaient le V de la victoire avec la main, en nous voyant passer. Tristes HLM, mais nous nous disions qu'à tout prendre, ils ne l'étaient guère plus qu'ici ou là dans certaines banlieues de notre beau pays de France.

Et nous nous rapprochions ainsi de Bucarest, qui restait notre obsession. Ah, Bucarest! Qu'allions-nous trouver dans la capitale du Caligula roumain, quel champ de ruines et de cadavres encombrant chaussées et trottoirs?

En cette fin d'après-midi de Noël, quand nous y sommes entrés, une fois passé quelques barrages bon enfant de militaires, Bucarest était calme. Un peu partout dans la ville, des groupes de jeunes surveillaient les carrefours. Oui, la psychose des snipers de la Securitate était omniprésente, et chacun, au fil des rues, avait les yeux rivés sur les étages des immeubles ou sur les toits. Mais pas de cadavres, pas de combats. La jeunesse était joyeuse, exaltée, et tous ou presque parlaient français. « Ah, vous êtes journalistes, bienvenue chez nous, c'est le soir qu'ils commencent à tirer, mais soyez quand même prudents, il y a toujours des isolés. » On trouve sur-le-champ une voiture aux journalistes, qui ne veulent pas suivre l'autobus jusqu'à son terminus de l'ambassade de France; on les conduit gratuitement – « non, non, pas d'argent, ici c'est la Roumanie, pas la Pologne » – jusqu'au saint des saints médiatique de la révolution, l'Intercontinental.

Les jeunes n'avaient pas menti, le baptême du feu de Bucarest fut pour un peu plus tard, le temps que tombe la nuit. Il devait être aussi pour moi la première prise de conscience de l'intox.

A l'Intercon, comme on disait pour aller plus vite, c'était Babel revisitée. La grande confusion des langues, le personnel n'avait jamais vu ça. Des Italiens, des Français, des Espagnols, des Anglais, des Allemands, des Suédois, des Américains, toute la fine fleur du quatrième pouvoir courait partout, armée de stylos, de consoles portables, d'appareils photo ou de caméras, montait et descendait les ascenseurs, se bousculait, se ruait aux télex ou cabines téléphoniques, pour dicter à temps, à des prix de communication prohibitifs hérités de l'ancien régime, les papiers attendus dans les transes par toutes les rédactions du monde. La haine allumait les regards des malchanceux traînant dans les listes d'attente de centaines d'appels demandés, chaque fois que les standardistes surmenées mais souriantes annonçaient à l'heureux élu piaffant d'impatience : « Cabine huit, vous avez Paris. » Mais ce pouvait être aussi bien New York, Tokyo, Londres, Rome ou Madrid.

Depuis la veille, les couloirs bruissaient de rumeurs, comme toute la capitale. Ceausescu est-il prisonnier, oui ou merde? Si oui, pourquoi ne pas le montrer à la télévision, comme on l'a fait pour son fils Nicu, apparu avec quelques gnons sur le visage, pour la plus grande joie des Roumains, qui détestaient cet arrogant play-boy né sous le double signe de la faucille et du marteau. Le nouveau pouvoir semblait patauger. Les communiqués contradictoires n'avaient pas cessé de se succéder. Arrêté, Ceausescu? On avait dit oui d'abord, puis on paraissait moins sûr. On précisait même, ajoutant à la confusion : la nouvelle est vraie, mais reste à confirmer par les militaires.

Du coup, les modes conditionnels se déchaînaient. Le vieux tyran « aurait » réussi à fuir, il « serait » en route vers la Corée du Nord, chez son dernier pote despote, Kim Il Sung. Ou peut-être vers la Chine? A moins que ce ne soit vers l'Iran, dont il revenait tout juste après une prosternation devant le mausolée d'un autre phare sanguinaire.

C'est ce soir-là que sont tombées à la télévision les premières images de l'arrestation, du procès, et l'annonce de l'exécution. Images fixes, avec la sentence de la mort, dite par une voix off. Mais pas de cadavres encore. Le choc. Bon sang, je ne crains pas de le dire, en ce grand hôtel qui passait pour un antre de la Securitate, à laquelle, disait-on, tout le monde émargeait peu ou prou, il y eut bien quelques vivats ici et là, mais si faibles, si peu convaincants. Non, à l'Intercon, ce ne fut pas la joie, ce fut surtout la consternation. Je revois encore les visages du personnel, des califes de la direction jusqu'aux plus humbles serveurs ou employés de réception. Le Conducator était mort. Le Danube de la pensée était mort, le génie des Carpates était mort. Vingt-cinq ans d'aliénation biffés d'un trait de plume, et même plus de quarante si l'on voulait bien y additionner le règne précédent de Gheroghe Dej, qui lui aussi fut tout sauf un petit marrant. Les gens de l'hôtel auraient dû se réjouir, se rouler par terre, s'embrasser plus follement encore que les footballeurs après le but de la victoire. Mais non, la mort de Ceausescu, ça leur faisait plutôt un visage gris, au mieux indifférent, on devinait un mélange de honte et d'angoisse de l'avenir, après tant de mauvaises habitudes de soumission; et j'ai senti d'un coup le drame de ce pays à genoux, où l'on disait qu'un Roumain sur trois collaborait avec le régime; où l'on comptait les vrais dissidents sur les doigts d'une main; où tout personnage un tant soit peu important, y compris les intellectuels, n'osait pas ne pas adhérer au Parti.

Un peu plus tard, avec Vaclav Neuman, du service photo de l'AFP, nous avons zigzagué dans les rues, jusqu'au siège, tout proche, du Comité central, place de la République. Quand nous arrivons, il est 23 heures et des poussières. Les fusillades, comme chaque nuit, ont recommencé de trouer la nuit, en plusieurs points de la ville. Sur la place, il n'y a pas grand monde, quelques centaines de jeunes tout au plus, certains sont armés de mitraillettes ou de fusils

Kalachnikov; ils sont assis autour de feux de bois improvisés, chantent, discutent, écoutent aussi les harangues d'un jeune type venu de Timisoara, et qui campe là depuis plusieurs jours. Virtuose du camion sono, Dan Jossif rêve de toute évidence de devenir, à trente ans, le Lech Walesa roumain, et ne ménage pas ses cordes vocales pour y arriver. Ce soir-là, il crie : « Montrez-nous le corps des tyrans, s'ils sont morts, pourquoi la télévision ne nous montre pas leurs cadavres? » Et c'est vrai qu'on n'a pas vu encore les tyranniques cadavres. Au fronton de l'immeuble du Comité central, un poste de télé couleur a été installé. Il fonctionne en permanence, et tous écoutent entre deux harangues par haut-parleur les longs commentaires d'un présentateur. Il y a quelques jours à peine, il récitait avec componction les prouesses quotidiennes du grand sachem disparu; mais, ce soir, il s'est fait la mine grave, tragique même, à la mesure de l'Histoire en marche, pour égrener les crimes reprochés à Elena et Nicolae Ceausescu.

Et soudain c'est la fusillade. Personne ne pourra jamais dire qui l'a déclenchée, mais en quelques secondes la place retentit de centaines de déflagrations. Ça tire de partout. « Là-bas, là-bas, sur les toits des immeubles, la Securitate. » Des balles traçantes transpercent la nuit. Sur la façade d'un immeuble voisin, un étage s'embrase, des flammes jaillissent des fenêtres. Les jeunes assis autour des feux ne bougent pas, mais ceux qui sont armés tirent aussi en rafales, décontractés, on ne sait pas sur quoi ni sur qui. Au pif. Ils font des cartons dans le noir. Sur le perron du Comité central, appuyées contre la grille de la porte d'entrée qui restera ce soir infranchissable, deux élégantes, en manteau à col de fourrure, discutent passionnément avec un interlocuteur invisible, à l'intérieur du bâtiment. Et l'on se prend à penser soudain que tout cela ressemble à un décor. Une révolution pour Cinecitta. Mais ce n'est pas un décor. Deux jeunes gens s'écroulent à quelques mètres de nous. Ils sont évacués sur des civières, embarqués gémissants dans une ambulance. Blessés par qui?

Avec des accalmies, la fusillade va bien durer deux heures. Entre-temps, nous avons été invités à nous mettre à l'abri dans une camionnette qui diffuse des cantiques en ce soir de Noël. Une jeune fille de vingt ans – elle aussi est venue de Timisoara, c'est une fan de Dan Jossif – nous raconte, avec des yeux brillants de terreur rétrospective, qu'il y a deux jours la Securitate a massacré deux cents personnes dans l'immeuble du Comité central. « Ils sont rentrés la nuit par des souterrains, dit-elle, ils connaissent tous les recoins du bâtiment, les caves, les passages secrets, ils sont partout. » Nous lui demandons si elle a vu les victimes. Non, elle ne les a pas vues elle-même, mais des gens qu'elle connaît bien étaient là, et lui ont tout raconté. « C'était terrible. »

Quand nous regagnons l'hôtel, zigzaguant de nouveau, et l'œil rivé sur les corniches des immeubles, nous n'arrivons pas à nous défaire d'un sentiment de malaise. La Securitate. « Tu en as vu, toi? » Non, nous n'avons rien vu. Et ces combats quotidiens, qui ne commencent qu'à la nuit tombée, nous paraissent décidément bien étranges, tout comme la Révolution roumaine.

Premier envoyé spécial de l'Agence France-Presse à entrer à Bucarest, lui aussi par la filière bulgare, Ricardo Uztarroz avait eu deux jours avant le même sentiment d'étrangeté : « Quand je suis arrivé à Bucarest, je m'attendais à plonger en pleine guerre civile. Première surprise. J'ai traversé tout le centre-ville à pied. La foule était dans les rues. Pas de combats. C'était une atmosphère de kermesse, accrue par le temps printanier, le froid n'est arrivé que quelques jours après. J'étais avec trois autres journalistes, un Roumain nous guidait. On a demandé à aller jusqu'à l'Intercontinental, mais on nous répond, non, non, il est sous le feu, il y a des combats très durs dans le secteur. On nous propose alors d'aller à l'hôtel Bulevar, juste en face de la poste centrale. On y arrive à pied, par des petites rues. On s'installe. On demande aux gens de l'hôtel ce qui se passe exactement, on n'a rien vu en traversant la ville. Où est la guerre? Ils nous disent qu'il y a des combats, mais circonscrits à quelques zones bouclées par les blindés de l'armée. J'en voyais deux, en effet, qui bloquaient la rue menant à la poste centrale et à la place de la République. Là, déjà, je me suis dit, c'est pas Budapest 56, mettons qu'il y a des poches de résistance, mais les militaires ont l'air d'avoir la situation en main. Le soir, on voyait brûler la bibliothèque. Plus tard, je suis parti avec un type de Reuter, d'abord à l'Intercon car on voulait des chambres, toute la presse était là, et pour les communications c'était le seul endroit. Il n'y avait pas de chambres, mais l'hôtel n'était pas sous le feu. Ensuite, nous voilà partis voir l'incendie de la bibliothèque. Quand on arrive, cent cinquante badauds regardaient le spectacle. Tout d'un coup ça se met à tirer au-dessus de la foule, des rafales de balles traçantes. On se jette à terre. Je perds de vue le gars de Reuter. Quand je retourne à l'hôtel Bulevar, une automitrailleuse est installée au carrefour; elle tire sans interruption vers la poste centrale, d'où on dirait que ça riposte. Je me dis, impossible de traverser le carrefour, je vais à l'Intercon, et j'ai enfin une chambre. Toute la nuit ça tire. Au petit matin, ça s'arrête. Je fais un tour place de la République. Tout est calme, c'est dimanche. Une chose me frappe, il y a plein de casiers de bouteilles d'alcool vides à côté des soldats. Dans la journée, les fusillades ont repris. Sur les toits, j'ai vu des soldats tirer, en s'abritant derrière des cheminées, mais impossible de discerner les cibles. Vers 15 heures, retour au calme. Là, j'ai commencé à réfléchir. C'était le contraire du Salvador, où j'étais comme envoyé spécial fin novembre-début décembre pour la grande offensive de la guérilla. Au Salvador, tu voyais sans arrêt des ambulances pour ramasser les blessés, des morts partout. Ici, rien. On nous disait qu'il y avait plein de morts et de blessés, tu n'en voyais pratiquement aucun, et la foule restait massée un peu partout. Je me disais, ils sont fous ces Roumains. J'ai parlé avec Alfonso Rojo, c'est le directeur adjoint d'*El Mundo,* le quotidien de Madrid. Lui aussi était tracassé, il m'a dit : C'est curieux cette guerre qui ne fait pas de morts, hein? Et il m'a raconté une drôle d'histoire. Il était allé à l'Agerpress et là, au comptoir de la réception, il voit un type de la Securitate qu'il connaissait avant. Il lui parle, lui demande s'il n'est pas arrêté, l'autre lui dit que non, qu'il coordonne la nouvelle police. Le soir, on revient place de la République avec deux copains. On est pris sous le feu d'armes légères. Mais quand j'y repense aujourd'hui, c'était curieux, on avait l'impression que les tireurs ne voulaient pas tuer. Ils arrosaient le milieu de la rue, pas des deux côtés, où les gens s'abritent et sont susceptibles d'être touchés. De retour à l'hôtel, je rencontre Jacques Lebas, de Médecins du Monde. Il m'annonce une conférence de presse pour le lendemain à 9 heures, à l'hôpital des urgences. Je lui demande ce qu'il pense du bilan des victimes. Il me répond : Ça ne correspond pas du tout à la gravité de la situation qu'on croyait trouver en arrivant. Le soir, j'étais de plus en plus perplexe. Il y avait des tirs très intenses donnant l'impression de combats acharnés, mais je ne voyais pas de morts. Très étrange vraiment; je me souviens, j'ai même fait une note pour le dire à la rédaction en chef. »

Cher Calin, chère Cristina, je terminerai ce prologue en m'adressant à vous. Je sais que ces pages vous feront de la peine, vous rendront furieux peut-être.

Je nous revois dans cette chambre 220 de l'hôtel Intercontinental, aménagée en catastrophe en bureau de l'Agence France-Presse. Une radio, une télé, deux bureaux, un téléphone. Il avait fallu trouver d'urgence deux interprètes, travaillant quasiment vingt-quatre heures sur vingt-quatre, et ce fut vous, qui parlez parfaitement le français, comme tant de vos compatriotes.

La nuit, après un dernier repas commandé au room-service, vous dormiez sur un matelas de fortune, mais la morale était sauve puisque vous étiez fiancés.

Je me souviens de nos discussions, longtemps après minuit. Non, vous n'aimeriez pas lire sous ma plume que la révolution, votre révolution, fut pour une bonne part une entreprise orchestrée de mensonges et d'exagérations de l'horreur, afin d'accélérer la ruine du régime Ceausescu. Ce qui a parfaitement réussi, soit dit en passant. Je sais que vous préférerez toujours l'exaltante version d'un soulèvement spontané. Je sais aussi que le prix du sang ne vous faisait pas peur, et peut-être, secrètement, le souhaitiez-vous élevé. Comme pour mieux payer votre liberté retrouvée; et vous laver au passage de trop d'années de craintif asservissement qui ternirent l'image d'un peuple roumain présenté parfois comme enclin par nature à la soumission, voire à la veule collaboration.

Pour toutes ces raisons, je sais par avance que vous détesterez envisager un seul instant avec moi que la liberté ait pu vous être, en ces temps de Nativité, offerte en cadeau par un père Noël qui, lorsqu'on arrache sa barbe et ses cheveux de blanc coton, a une tache de vin sur le front.

Première partie

LE MENSONGE

CHAPITRE 1

Le procès

Il faut dire un grand merci aux nouveaux dirigeants roumains. Il faut les remercier pour nous avoir offert sur un « plateau » la pièce maîtresse du mensonge, je veux parler du procès d'Elena et Nicolae Ceausescu. Sans ce cadeau, nous serions restés plus longtemps dans le noir, à couvrir la poupée gonflable que j'ai dite. Peut-être y serions-nous toujours, du moins dans la pénombre. Mais Dieu, ou plutôt diable merci, il y eut ce cadeau somptueux, en mondovision, annoncé d'heure en heure, puis de quart d'heure en quart d'heure, et chaque fois différé, avec un sens consommé du suspense. Alfred Hitchcock pouvait aller se rhabiller.

Jusqu'ici nous n'avions vu que des images muettes, saisissantes certes, du couple écoutant la sentence de mort. Nous avions vu des lèvres bouger, les lèvres minces d'Elena, celles grimaçantes souvent du vieux Nicolae, mais nous ne savions pas les mots qu'elles disaient. Et voilà que nous allions savoir, nous allions en quelques heures passer du muet au parlant, connaître enfin les répliques de la tragédie. Un peu partout dans les capitales occidentales, les chaînes de télé attendaient comme nous, elles ne furent pas déçues par l'Audimat. Ce n'est pas tous les jours qu'on peut offrir « La mort du tyran des Carpates », avec dans les rôles principaux deux acteurs de l'Histoire, cette incomparable reine du casting, qui paieront de leur vie le dénouement et ne reviendront plus jamais sur scène; une représentation unique avant d'être « descendus » vers d'autres planches, cette fois pour de sinistres rôles de décomposition.

Ce mardi soir 26 décembre 1989, au rez-de-chaussée de l'Intercontinental de Bucarest, le grand restaurant était plein à craquer. On avait installé une télévision couleur, et des centaines d'yeux guettaient à intervalles réguliers, entre deux coups de fourchette de ce dîner-spectacle, ce minuscule théâtre de poche où le grand drame allait se jouer.

Faudrait-il attendre les douze coups de minuit? Non, ce fut un peu avant que sonna l'heure du crime. Et les dîneurs tétanisés plantèrent là leur consommé aux champignons ou leur goulasch, ils vinrent s'agglutiner à bout portant. Pour être aux premières loges, on se bouscula comme jamais, on enclencha les magnétophones, on ouvrit les blocs-notes, on monta sur des chaises, on se tordit le cou pour mieux voir, entre la forêt des têtes de toutes les nations. Puis un grand silence se fit, et malheur à qui risquait un toussotement. Nicolae Ceausescu, profil d'aigle, venait d'apparaître, extrait difficilement d'un char, avec l'aide d'un militaire. Il ôtait sa chapka déplacée par l'effort, trop enfoncée sur les yeux, puis la remettait correctement en place, après avoir lissé ses cheveux argentés. La pièce venait de commencer.

Elle allait durer cinquante-deux minutes exactement. Rictus, mimiques de rage, de stupéfaction, ironie, regards levés au ciel, gestes d'affection du Conducator envers sa femme : nul ne se souciait plus du léger différé de vingt-quatre heures, ce fut le drame à jamais vécu en direct. A la fois terrible et pathétique, images saisissantes de deux vieillards, encore tout-puissants trois jours auparavant, et qui ne comprenaient que peu à peu que la mort était au bout de ce procès expéditif, devant un tribunal militaire d'exception.

Avec l'aide précieuse de Calin, je pus envoyer dans la nuit à l'AFP l'essentiel de la transcription, qui fut reprise *in extenso* le lendemain dans le journal *Le Monde* et d'autres quotidiens. La voici de nouveau, elle en vaut la peine.

« Le couple entre dans une pièce. Un médecin examine Nicolae Ceausescu. Un soldat est posté au coin de la pièce. Le médecin prend la tension artérielle du vieil homme, qui a retiré son manteau, sa veste, retroussé la manche droite de sa chemise. Le médecin dit : Soixante, puis soixante-dix. Il demande : Qu'est-ce que vous avez à dire sur votre santé? Pas de réponse. Puis il s'approche d'Elena Ceausescu.

– S'il vous plaît, avez-vous été malade, avez-vous besoin de soins médicaux?

– Elena C. : Je n'ai besoin de rien.

Changement de décor. Ceausescu et sa femme sont à présent assis derrière deux bureaux placés en équerre. On entend quelqu'un qu'on ne verra jamais.

– Vous avez l'occasion de dire pourquoi, au nom

du peuple, vous avez fait ce que vous avez fait. La défense a-t-elle quelque chose à dire?

On entend une voix qui dit : Debout, c'est un tribunal.

Ceausescu répond : Je reconnais la Constitution du pays.

La même voix accusatrice poursuit :

– Pendant vingt-cinq ans, tu as humilié le peuple, pendant vingt-cinq ans, tu n'as su que parler.

Ceausescu : Je ne reconnais aucun tribunal, je reconnais seulement la Grande Assemblée nationale. C'est un coup d'État.

L'accusation : Nous vous jugeons d'après la Constitution du pays. Ce n'est pas le moment de nous donner des leçons. Nous savons très bien ce que nous avons à faire, et nous connaissons les lois.

Ceausescu : Je ne répondrai à aucune question.

L'accusation : L'inculpé et sa femme avaient des toilettes luxueuses, donnaient des réceptions éblouissantes, et le peuple n'avait que deux cents grammes de salami, en présentant une carte d'identité dans la main, pour les obtenir. Tu as pillé le peuple et tu nies, même aujourd'hui. Il ne veut pas parler, c'est un lâche. On sait tout. Messieurs les représentants de la justice, monsieur le président, honoré tribunal, nous allons juger Nicolae et Elena Ceausescu, qui ont commis des actes incompatibles avec les Droits de l'homme, qui ont agi contre le peuple. Pour les crimes qu'il a perpétrés et ses victimes, je demande la peine de mort.

Suit la lecture de l'acte d'accusation : génocide,

atteinte à l'économie nationale, action déviationniste, atteinte au pouvoir de l'État.

L'accusation : Accusé Nicolae Ceausescu, levez-vous! (Il ne se lève pas.) Tu as entendu les accusations?

Ceausescu : Je ne répondrai que devant la Grande Assemblée nationale, je ne reconnais pas les accusations. Je ne veux parler que devant la Grande Assemblée.

L'accusation dit au greffier de noter.

Ceausescu : Je ne vais rien signer.

L'accusation : Vous connaissez la situation dans le pays. Manque de médicaments, de nourriture, d'électricité, de chauffage dans les immeubles. Qui a donné l'ordre du génocide de Timisoara? (Silence.)

L'accusation dit au greffier : Marquez, il refuse de répondre à cette question. Puis :

– Qui a ordonné de tirer dans la foule à Bucarest? Même à présent, on tire sur des innocents. Qui sont les fanatiques qui tirent?

Ceausescu : Je ne répondrai pas. On n'a pas tiré sur la place du Palais, on n'a tué personne.

L'accusation : Aujourd'hui, il y a plus de 64 000 victimes dans toutes les villes. Tu as réduit le peuple à la pauvreté. Il y a des gens instruits, de véritables savants, qui ont quitté le pays pour t'échapper. Qui sont les mercenaires étrangers qui tirent? Qui les a faits venir?

Elena C. : C'est une provocation.

Ceausescu : Je refuse de répondre à cette question.

L'accusation : Elle, elle est plus bavarde.

Elena C. : Oui.

L'accusation : Voilà la savante analphabète qui ne savait pas parler, qui ne savait pas lire.

Elena C. : Je me demande ce que mes collègues intellectuels de ce pays vont dire en écoutant cela.

L'accusation : Quelles raisons vous empêchent de répondre?

Ceausescu : Je parlerai seulement devant la Grande Assemblée nationale et devant la classe ouvrière. (Ils parlent tous deux à mi-voix, protestent apparemment contre le tribunal.) Je ne reconnais que la classe ouvrière. Devant ce coup d'État, je ne répondrai pas. C'est vous qui avez fait venir des mercenaires. Nous avons un autre organe du pouvoir. Personne dans le pays ne vous reconnaît, c'est pour cela que le peuple lutte encore aujourd'hui.

Il accuse alors les agences d'espionnage des pays étrangers d'ingérence dans les affaires intérieures, en vue de déstabiliser le pays et de lutter contre sa souveraineté et son indépendance.

L'accusation : Pour quoi lutte le peuple?

Ceausescu : Le peuple lutte pour l'indépendance et la souveraineté nationale.

L'accusation : Tu sais que tu as été destitué, et elle aussi, de tous vos pouvoirs et fonctions dans l'État et le gouvernement?

Tous deux répondent : Oui.

L'accusation : Tu sais que le gouvernement a été démis?

Ceausescu : Tu dois respecter la légalité, je suis le président de la Roumanie et commandant suprême de l'armée. Je ne désire rien et je suis simple citoyen.

L'accusation : Simple citoyen ou président?

Ceausescu : Président de la Roumanie et commandant suprême des forces armées. Je parlerai seulement devant la Grande Assemblée nationale.

Elena C. : Quelle mascarade, ceux qui ont organisé le coup d'État!

L'accusation : Pourquoi tu as humilié le peuple? Les paysans qui font le pain venaient dans les villes pour acheter du pain. Pourquoi as-tu affamé le peuple?

Ceausescu : Je ne réponds pas. Mais je veux dire, comme simple citoyen, que le peuple a eu deux cents kilos de blé par personne, et non par famille.

L'accusation : C'est faux, c'est un mensonge!

Ceausescu : Pardon?

L'accusation : Tu écrivais une chose sur le papier, mais la réalité était autre chose. Tu as songé à cela? Le plan de destruction des villages, tu as pensé à cela?

Ceausescu : Jamais dans les villages il n'y a eu une richesse aussi grande qu'aujourd'hui. J'ai construit des hôpitaux, des écoles, aucun pays au monde n'a ces choses-là.

L'accusation : Dernière question, j'ai vu la villa de votre fille (Zoia), elle avait une balance en or avec laquelle elle pesait la viande apportée de l'étranger.

Elena C. : Quelle villa? Elle vit dans un appartement, comme tout le monde. Elle n'a rien. Elle vivait comme tout le monde. Extraordinaire! Quelle honte!

L'accusation : Que Ceausescu nous parle donc de ses comptes dans les banques suisses.

Elena C. : Des preuves, des preuves, des preuves.

Ceausescu : Il n'y a aucun compte, vous êtes un provocateur.

L'accusation : Bon, bon, il n'y a pas de comptes, mais s'ils existent, vous êtes d'accord que l'argent revient à l'État roumain?

Ceausescu : C'est une provocation.

L'accusation : Signes-tu la déclaration?

Ceausescu : Je ne fais aucune déclaration. Le tribunal n'est pas légal, je ne reconnais que la Grande Assemblée. Vous avez fait un coup d'État, un jour vous répondrez devant le peuple.

L'accusation, à Elena C. : Peut-être seras-tu plus coopérative? Qu'as-tu à dire sur le bureau numéro deux? (NDA : Le bureau numéro deux était le fastueux bureau occupé par Elena Ceausescu au siège du Comité central.) Que sais-tu sur le génocide de Timisoara?

Elena C. : Non.

L'accusation : Tu as seulement appliqué la science, les polymères. (NDA : Elena Ceausescu, présidente de l'Académie des sciences, avait sous ses ordres un groupe de chimistes, qui écrivaient des ouvrages, notamment sur les polymères, qu'elle signait de son nom.)

Ceausescu : Il y a des ouvrages publiés à l'étranger.

Elena C. : Moi, je suis présidente de l'Académie des sciences roumaine, je suis premier vice-Premier ministre.

L'accusation : Que sais-tu sur Timisoara?

Elena C. : Je ne répondrai à aucune question. (Elle parle à voix basse à son mari, tous deux font des signes de protestation.)

L'accusation : Mais à Bucarest, sur les jeunes qui ont été tués, qu'est-ce que vous pouvez dire? Les terroristes appartiennent à la Securitate, non? La Securitate ne dépend-elle pas du commandant suprême?

Ceausescu : Sur le génocide de Timisoara?

Il veut répondre, l'accusation l'interrompt.

L'accusation : Avec toi j'ai terminé, je parle avec elle. Comment le général Milea est-il mort? (NDA : Victime d'un suicide selon la thèse du régime Ceausescu, le général Milea, dont les causes de la mort n'ont toujours pas été éclaircies, aurait en fait été assassiné, pour avoir refusé de réprimer dans le sang les manifestations de Timisoara.)

Elena C. : Demandez au médecin et aux gens.

Ceausescu : Moi, je vais mener l'enquête.

L'accusation : Pourquoi as-tu accusé Milea d'être un traître et pourquoi as-tu dit qu'il s'était suicidé pour éviter son châtiment?

Ceausescu : Milea était un traître, il est parti seul et a décidé de se suicider. Les officiers ont dit qu'il n'a pas appliqué les ordres pour rétablir le calme. (...) Pourquoi Milea nous a-t-il trahis?

L'accusation : Elena Ceausescu, est-ce que tu as des troubles mentaux?

Elena C. : C'est une vulgaire provocation, tu n'as pas honte?

L'accusation : Je demande cela parce que si vous êtes irresponsables vous avez une chance. Je vais faire une dernière tentative, poser des questions.

Elena Ceausescu à son mari : Ne dis rien, tu ne vois pas que...

Ceausescu : Je ne reconnais ni la défaite, ni rien.

Elena C. : Aucun tribunal. Je ne signe rien. J'ai lutté pour le peuple depuis l'âge de quatorze ans, et le peuple, c'est notre peuple.

Une voix annonce que la cour va se retirer pour les délibérations. L'image s'interrompt, sur un plan fixe des accusés, puis de nouveau, la voix de l'accusation :

– Nous considérons que les inculpés, sur la base des articles 162, 163, 165 et 357 du code pénal, sont coupables, et le tribunal militaire exceptionnel annonce aujourd'hui 25 décembre la sentence requise : confiscation de tous les biens et peine capitale.

Intervient alors l'avocat de la défense, qu'on ne voit pas. Il dit :

– En tant qu'avocat de la défense, je vais faire mon métier comme je l'aurais fait pour n'importe qui. Le Conseil de salut national a pris les mesures qui ont démis le gouvernement et tous les organes de pouvoir. Donc, en tant qu'avocat, je considère que les formes légales pour traduire en justice les deux accusés sont correctes. Qu'ils signent ou non, s'il y a des preuves, ils peuvent être accusés. S'ils avaient reconnu être irresponsables, ils avaient une chance d'être sauvés, comme fous. Mais ils sont en parfaite possession de leurs moyens mentaux. Je constate, devant les preuves, qu'ils sont coupables. Toutefois, je prie le tribunal que la décision ne soit pas un règlement de comptes. Ce tribunal est légal, tout comme est légale la qualité d'inculpés de Ceausescu et de sa femme.

Suit l'énumération des chefs d'accusation. L'avocat n'émet aucune objection. Et il termine :

– Comme avocat de la défense, je le répète, je demande que la décision ne soit pas un règlement de comptes.

L'accusation : C'est très difficile de prendre une décision lorsque, même devant la justice, les accusés refusent de reconnaître le génocide, pas seulement de Timisoara et de Bucarest, c'est vingt-cinq ans de crimes. Crimes commis en affamant le peuple, en le privant de chauffage et d'électricité, et surtout, crime contre l'esprit. Des enfants innocents ont été écrasés par des tanks. Vous avez habillé les officiers de la Securitate avec des uniformes de l'armée pour dresser le peuple contre elle. Si encore vous aviez fusillé des vieux comme vous. Mais vous avez arraché les tubes d'oxygène dans les hôpitaux, vous avez fait exploser des dépôts de plasma sanguin. (Ceausescu sourit.) Vous êtes partis en Iran vous prosterner devant l'ayatollah. Vous dites que le Conseil de salut national n'est pas légal, mais en 1947, quand on a pris le pouvoir contre l'ancien régime du roi Michel de Roumanie, c'était la même chose. Le roi a eu plus de dignité que vous. Vous avez eu l'occasion de demander l'asile politique en Iran, de garder tous vos comptes dans les banques étrangères. (Ceausescu rit.) Et maintenant vous vous moquez du tribunal. (Ceausescu consulte sa montre, dans un geste de provocation qui semble dire : qu'on en finisse.) Combien de temps le peuple roumain a dû vous supporter, avec la peur d'être arrêté à n'importe quel moment, avec la peur d'être drogué et conduit dans des asiles psychiatriques.

Elena C. : Que mes collègues disent si cela est vrai ou non.

L'accusation : Ta plus grande faute a été de rassembler la foule, après les crimes de Timisoara. Tu as pris l'ignoble décision de rassembler le peuple.

Elena C. : Ils disent qu'on a tué des enfants, ce n'est pas vrai.

L'accusation : Inculpé Nicolae Ceausescu...

Ceausescu : Je ne suis pas inculpé, je suis le président de la Roumanie et le commandant suprême des forces armées, et je veux répondre devant la Grande Assemblée nationale. Il se tourne vers sa femme : Qu'est-ce que tu dis? Puis à l'accusation : Tu trahis le peuple, tu détruis l'indépendance de la Roumanie.

L'accusation : On ne peut pas discuter avec toi.

A ce moment-là, le tribunal (invisible) se lève. Bruits de chaise.

Elena C. : Non, chéri, on ne se lève pas, on est des êtres humains.

L'accusation : A l'unanimité des voix, le tribunal militaire extraordinaire condamne à la confiscation des biens et à la peine de mort les accusés, sur la base des articles 357, 162, 163 et 165. Prononcé aujourd'hui 25 décembre 1989.

Ceausescu : Je ne reconnais...

L'accusation : la décision est sans appel.

Et soudain, changement d'images. On voit une sorte de trottoir en béton, un mur derrière. On voit deux corps à terre. L'image s'approche et fixe la tête de Ceausescu. Il y a des traces de balles sur le mur au-dessus, et du sang. On distingue aussi nettement que Nicolae Ceausescu a reçu une balle dans la tête, même si son visage aux yeux ouverts n'est pas abîmé. »

Puis le visage aux yeux morts disparut. Tout était consommé. La pièce était finie. Mais il n'y eut pas d'applaudissements. Jean-Paul Mari, il s'en souvient certainement, criait son dégoût, il n'était pas le seul. Procès. Comment pouvait-on oser employer ce mot pour qualifier un jugement expéditif auquel convenait mieux le terme d'assassinat « légal »? Mais quel assassinat fut-il jamais légal? Pour qui a vu les images du vieil homme et de son épouse, le goût de cendres est dans la bouche, et pour longtemps.

Et pour nous tous, journalistes venus des pays de la liberté, celle de la Roumanie, tout juste retrouvée, commençait mal, avec un tribunal sinistre qui rappelait ceux de Moscou sous Joseph Staline, avec des juges qui n'osaient pas même montrer leur visage. Non que Ceausescu nous soit apparu comme une innocente victime, certes non, mais le plus grand des coupables a droit à autre chose qu'une parodie de justice. Nuremberg l'a montré. C'est cela la démocratie. Elle n'était pas ce soir-là à Bucarest. Non. Ce soir-là, comme des millions de Roumains et d'Occidentaux, nous avions assisté sur le petit écran au piètre et stalinien simulacre, avec un avocat de la défense devenu avocat général pour l'occasion. Et chacun se disait que tyran ou pas à juger, il n'aimerait pas avoir été cet avocat inconnu. Et lorsque la caméra vidéo s'arrêta en gros plan sur le visage mort du

Conducator, tous nous savions que cette révolution naissante venait de se salir; que nous venions d'assister à quelque chose comme un meurtre du père perpétré par des fils qui avaient trop longtemps mangé à la table communiste, et tentaient, pour assurer en douceur la succession, de se laver dans le sang du « monstre » d'une trop longue complicité avec lui dans de sombres affaires de famille.

Oui, ce 26 décembre fut un tournant majeur de la Révolution roumaine. Nous qui les connaissions à peine, et les créditions du plus sincère élan de générosité démocratique, nous commençâmes à nous intéresser de plus près aux nouveaux dirigeants de Bucarest, dont nous épelions encore difficilement les noms la veille encore inconnus : Ion Iliescu, Dumitru Mazilu, Silviu Brucan...

On nous les présentait quasi tous comme d'intrépides opposants au régime Ceausescu, mine de rien on nous glissait même dans l'oreille, pour les qualifier, l'admirable mot de « dissident ». Ils venaient soudain de commettre une grossière erreur politique, de mettre bas le masque, de trahir à quel point ils restaient pour la plupart marqués par les structures mentales du communisme stalinien sous lequel, avec plus ou moins de désaccords idéologiques, règlements de comptes internes et déboires personnels, tous avaient fait une bonne part, voire l'essentiel de leur carrière.

La gravité de la faute commise – on sait depuis Talleyrand que l'erreur est pire qu'un crime en politique –, les nouveaux dirigeants purent la mesurer vite au gigantesque haut-le-corps de l'opinion occidentale. L'Occident est tout ce qu'on voudra, mais n'en déplaise aux détracteurs, ses valeurs de référence, inscrites à tous ses frontons officiels, sont la compassion et le souci de justice, qui fondent plus généralement les valeurs des Droits de l'homme, dont il est l'inventeur et reste à ce jour, en dépit des bavures, le champion incontesté sur la planète. Or, cet Occident-là fut écœuré par le procès des vieux tyrans. Par un paradoxe étonnant, ils devinrent à titre posthume les bénéficiaires du même sentiment de compassion qui avait joué d'abord contre eux à juste titre, en faveur du peuple roumain asservi par leur dictature. On releva la dignité des Ceausescu, leur mépris devant les juges, et jusqu'aux gestes d'affection du génie des Carpates à l'égard de sa femme furent mis au crédit d'un couple uni jusque dans la mort. Oui, le vieux ménage mégalo avait su se tenir. En sens inverse, on fustigea la lâcheté des juges, qui n'avaient pas osé se montrer devant les caméras, pour assumer le « régicide » à visage découvert. Quant à l'excuse invoquée de représailles éventuelles de la Securitate, pour justifier cette commode invisibilité, elle s'ajouta comme une circonstance aggravante, toujours dans le sens du manque de courage.

En France, pays dont on connaît les liens avec la francophone Roumanie, les « consciences » se déchaînèrent à bon droit, dans des déclarations lucides et souvent fort belles. J'en retiendrai une seule, celle de Me Georges Kiejman, tant elle me paraît juste et pénétrante :

« On a moins puni Ceausescu qu'on ne s'est débarrassé d'un témoin gênant. Quelle que soit la compassion qu'on puisse éprouver envers les victimes et les circonstances de cette révolution, rien n'excuse ce simulacre de procès. Et il ne s'agit pas ici d'égards pour Ceausescu, mais au contraire de penser aux victimes. Un procès n'a pas seulement pour but d'aboutir à une sanction – et Ceausescu méritait sans doute la mort –, mais également de permettre de connaître la vérité. De ce point de vue, les Roumains ont été terriblement frustrés par des juges anonymes dont on pourra toujours se demander s'ils ne voulaient pas masquer leur propre responsabilité. Il est probable que les charniers atroces que l'on découvre n'ont pas été constitués dans les derniers jours. La brièveté du procès, pour une aussi longue période de crimes, prouve bien son inconsistance. La défense n'est pas seulement une protection pour l'accusé, elle est aussi une assurance que les vraies questions seront posées. Il fallait retracer l'histoire du régime. Que se serait-il passé si on s'était dit : Hitler est mort, justice est faite? Le procès de Nuremberg a été de la plus grande minutie possible : il reste un grand document pour l'humanité. La question qui se posera toujours au peuple roumain, précisément parce que Ceausescu n'a pas été véritablement jugé, sera de savoir comment et par qui de telles horreurs ont été perpétrées. Les juges se sont faits complices des crimes de Ceausescu, en ne demandant pas de les connaître dans leur contenu réel. Encore une fois, ce sont les victimes qu'on a oubliées. »

Mais pour les dirigeants roumains, l'affront le plus cinglant restera sans doute celui de leur compatriote Virgil Tanase, qui échappa de justesse à la liquidation physique grâce à la défection et aux aveux, passés en avril 1982, d'un agent secret roumain chargé de la sale besogne par le régime Ceausescu. Écoutez ces mots au vitriol de l'écrivain dissident qui vit en exil en France. Il les a prononcés le 28 décembre à Bucarest, où il revenait pour la première fois depuis treize ans :

« Le procès a été un simulacre immonde, la mascarade d'un tribunal incompétent. J'aurais préféré qu'il se déroule après la constitution d'un gouvernement qui aurait supprimé la peine de mort. Les crimes pour lesquels étaient jugés Elena et Nicolae Ceausescu exigeaient la mort, selon les lois du pays, mais on a transformé une cause juste en une mascarade. Le tribunal n'avait aucune preuve, on a parlé de comptes bancaires à l'étranger, je le crois, bien sûr, mais où sont les preuves? La justice n'a pas le droit d'être vengeresse. Un homme civilisé ne parlerait pas même à un chien comme le président du tribunal a parlé aux Ceausescu, avec mépris. A ma grande surprise, le régime Ceausescu a continué à travers ce procès. Dans un procès équitable, j'aurais accepté d'être témoin à charge, mais s'il n'y avait eu personne pour les défendre, je les aurais défendus moi-même, même si je suis en désaccord avec eux, car je crois plus au principe de justice qu'au sentiment de répulsion que j'éprouve pour eux. »

Caricature, simulacre, parodie, la presse elle aussi fustigea. Indignation donc, tollé général devant l'iniquité d'un procès qui n'en fut pas un : ce fut le premier effet du faux pas des nouveaux patrons de Bucarest. Mais dans le chapitre des retombées, le plus grave pour eux restait encore à venir.

Pour une raison toute simple. Lorsque Virgil Tanase ou Me Kiejman stigmatisaient le simulacre, ils le faisaient au nom du principe de justice, comme ils l'auraient fait pour Hitler, mais sans vraiment douter un seul instant de la réalité des accusations. Je parle des pires accusations. Des accusations qui, dans l'opinion, méritaient le châtiment suprême, et surtout bien sûr celle de génocide. Quand ils font leurs déclarations, Virgil Tanase et Georges Kiejman, je n'en doute pas un seul instant, sont sincèrement convaincus de l'horreur du génocide. Et s'ils récusent le tribunal, ils ne contestent pas les crimes des inculpés.

Et savez-vous pourquoi? C'est une simple question de chronologie. Au lendemain de la tragédie télévisée, ils sont encore comme nous tous, comme moi, victimes de l'intox. Ils en sont à plus de 60 000 morts, aux horreurs des charniers de Timisoara, aux mercenaires étrangers venus combattre au côté de la Securitate, aux « sécuristes » déguisés en militaires pour tirer dans la foule.

Je me souviens parfaitement de notre état d'esprit à Bucarest. Jugement dégueulasse certes, mais beaucoup regrettaient en fait cyniquement, et le disaient tout haut, qu'on n'ait pas fait l'économie d'un procès casse-gueule politiquement, en liquidant Ceausescu. Il suffisait d'affirmer ensuite, ajoutaient ces Machiavel, qu'on l'avait tué dans un accrochage – alors qu'il résistait dans sa fuite, entouré d'une garde prétorienne démente et prête à tout.

Coupables, les Ceausescu, coupables des pires crimes contre l'humanité, et méritant la mort, voilà ce dont personne ne doutait. On imagine la stupeur quand il se fit jour peu à peu que ces crimes les plus inexpiables, qui par avance justifiaient tout, n'existaient peut-être pas; quand il apparut que la minute du procès, contrairement à Nuremberg, n'était pas la minute de vérité, mais la minute du mensonge.

Le jeudi 1er mars, en fin de matinée, le général Georgica Popa se retrouve seul dans son bureau du ministère de la Justice à Bucarest. Son collaborateur vient de sortir. Le général prend son pistolet d'ordonnance, c'est un Makarov, de calibre 9 mm. Il se tire une balle dans la tempe droite. La balle traverse le crâne et ricoche sur le mur. Le décès est constaté deux heures plus tard, à l'hôpital militaire où le général a été conduit entre-temps.

Dans la poche intérieure de sa veste, on trouvera ce message, quelques lignes à peine, vite griffonnées à la main, Georgica Popa était un général laconique : « Je n'ai pas trouvé d'autre solution pour me libérer de la peur et de l'épouvante qui m'auraient rendu insupportable le temps qui me restait à vivre. Je ne désire aucun faire-part ni de fleurs de mes collègues, un seul de ma famille. Je n'ai rien à reprocher à personne, je les ai tous oubliés. Mon Dieu, aide-moi à traverser cette difficile épreuve. Qu'on l'annonce à ma femme avec ménagements. »

Quand on ouvrit cette émouvante lettre, le procès-simulacre des Ceausescu avait fait sa troisième victime. Ce n'était pas n'importe qui. La voix qui venait de se taire à jamais était la voix principale de l'accusation; celle qu'on entendit le plus dans ce tribunal qui n'avait pas osé montrer son visage en jugeant

« l'Antéchrist » le jour de Noël. Le général Popa, cinquante-sept ans, avait présidé le tribunal militaire exceptionnel qui expédia les tyrans, il fallut son suicide pour qu'on l'apprenne, et que la voix anonyme enfin trouve un nom, à titre posthume.

A Bucarest, c'est le coup de théâtre. Consternées, les autorités expliquent aussitôt cette mort par une « dépression psychique grave ». Rien à voir, assurent-elles, avec l'activité professionnelle de l'officier supérieur, il serait aberrant d'établir un lien entre ce geste désespéré et le procès Ceausescu. Président du tribunal militaire de Bucarest depuis 1987, le général Popa, insistent-elles, avait déjà jugé « des cas graves » et « prononcé plusieurs fois la peine capitale ». Au cas où nous douterions encore, le ministre de la Justice, Theofil Pop, apporte cette utile précision : « En discutant avec sa femme, peu après le décès, nous avons découvert qu'il avait déjà eu une dépression, liée à des problèmes familiaux, il y a dix ans. » Vous avez compris j'espère : toute relation avec une certaine audience du 25 décembre serait vraiment tirée par les cheveux.

Hélas, il y a toujours des gens pour ne pas se satisfaire des évidences. Par exemple le lieutenant-colonel Coriolan Voinea, l'un des amis les plus proches de la victime. Voinea n'y va pas par quatre chemins : dans une interview publiée le 4 mars par *Romania libera,* il se déclare « révolté » par la version officielle de la « dépression ». Le général Popa, affirme-t-il, avait été progressivement « mis à l'écart de toute décision » et marginalisé au ministère de la Justice. « Son acte désespéré représente le geste d'un homme mis en face d'une réalité qu'il ne pouvait plus affronter. C'est une victime posthume de Ceausescu et de l'indifférence des responsables qui devaient assurer sa protection et prévenir son désir de savoir sa famille hors de danger. Il n'a pas été consulté pour l'élaboration des décisions importantes sur l'organisation de la justice militaire après la révolution, et surtout sur l'aspect de la mission historique qui lui est revenue, de juger les deux dictateurs. Tout cela, ajouté aux abus et illégalités existant dans la justice militaire, a suscité chez lui une perte de confiance, la révolte et l'indignation. » Et notre bouillant colonel nous apprend qu'après le 25 décembre Georgica Popa avait envisagé à plusieurs reprises de trouver refuge avec sa famille à l'ambassade des États-Unis et même de s'exiler dans ce pays.

Faut-il mettre le suicide sur le compte de la dépression; ou de la crainte de représailles, alors que le pouvoir s'apprêtait à publier (il l'a fait deux jours après la mort du général) la liste des membres du tribunal Ceausescu? Quelle était donc cette « peur », cette « épouvante » dont Georgica Popa ne parvenait pas à se libérer? Il a, selon la formule d'usage, emporté avec lui le secret dans la tombe. Mais on ne m'enlèvera pas de l'idée que cette balle ressemble fort à celle du remords, tirée dans sa tempe par un homme présenté comme « intègre » par tous ses pairs, et qui n'avait peut-être pas supporté la « mission historique » de ce procès aux allures de « corvée de bois ». J'aurais été le général Popa, intègre comme on dit qu'il fut, je crois bien que moi aussi je me serais laissé gagner peu à peu par la dépression.

CHAPITRE 2

Vous avez dit : « Génocide »?

« Extermination systématique d'un groupe humain, national, ethnique ou religieux. » C'est la définition du mot « génocide ». Du grec *genos,* race, et du latin *caedere,* tuer. Vous la trouverez à la page 456 du Petit Larousse illustré, dans son édition de l'année 1989.

Le génocide est une chose épouvantable. Dans l'histoire récente de l'humanité, je veux parler de celle dont on se souvient pour l'avoir vécue – et dont nous restent à l'appui d'atroces documents –, ceux qui en furent accusés n'étaient pas des rigolos. J'en retiendrai deux qui ne font l'objet d'aucune contestation sur ce point : Adolf Hitler et l'ancien chef des Khmers rouges, Pol Pot.

On le voit, n'est pas génocideur qui veut. La seule cruauté n'y suffit pas, non plus que le recours au crime, hélas si banal, pour se débarrasser de ses ennemis et asseoir son pouvoir politique. Il y faut en plus une volonté d'extermination « systématique » d'un ensemble humain, comme nous le rappelle le Petit Larousse, avec tout ce que cela comporte de planification. Car un génocide s'organise, se gère;

aux côtés des exécutants, il nécessite une administration, des bureaucrates consciencieux et efficaces, ainsi que nous l'ont montré nazisme et polpotisme.

Ce que je veux dire, c'est qu'on peut être un incontestable tyran, sans être pour autant génocideur. L'accusation de tyrannie faite à Ceausescu ne souffre pas de discussion. Si l'on s'en tient à la définition, celle de génocideur, en revanche, ne tient pas la route, il faut au passage s'en féliciter pour les Roumains.

Mais faisons preuve d'un peu de souplesse terminologique. Il va de soi que si le génie des Carpates était véritablement responsable de la mort de plus de 60 000 personnes dans son pays, en ayant répondu par un bain de sang au soulèvement de son peuple écrasé par vingt-cinq ans de dictature, on ne viendrait pas chipoter. 60 000 morts, cela méritait bien le qualificatif de génocide, au diable le purisme lexical.

Souvenez-vous du procès que vous venez de lire. L'accusation dit ceci : « Qui a donné l'ordre du génocide de Timisoara? » Et un peu plus loin : « Aujourd'hui il y a plus de 64 000 victimes dans toutes les villes du pays. » Si cela est vrai, la cause est entendue. Mais quand il profère cette accusation extrême, le tribunal au mieux n'a aucune preuve, ce qui en dit long sur sa bonne foi et ses compétences, au pire ment effrontément, ce que je croirais plus volontiers.

Aujourd'hui, nous savons : il n'y a pas eu de génocide, pas plus à Timisoara qu'ailleurs, ce qui n'exclut pas quelques combats sanglants, des crimes, voire des cas de cruauté sadique ici ou là, toutes choses d'ailleurs pour lesquelles les responsabilités exactes restent à établir.

Un signe précurseur, encore incertain, vint le jour de Noël, du ministre de la Santé, Victor Ciobanu, remplacé depuis. Déjà en poste sous Ceausescu mais rallié au nouveau régime, le ministre estima à 500 tués environ et 2 500 blessés le nombre des victimes des combats à Bucarest depuis le 22 décembre. Pour l'ensemble du pays, son estimation des morts était de l'ordre de plusieurs milliers; plus de 60 000, cela lui paraissait « très exagéré ».

Mais ce fut le lendemain, 26 décembre, que je reçus mon premier électrochoc, à la mi-journée, quelques heures avant la retransmission télévisée du procès. L'électrochoc fut administré par le docteur Bernard Kouchner, notre secrétaire d'État à l'action humanitaire. En visite à Bucarest, il révéla aux journalistes de l'AFP que, selon le ministère roumain de la Santé, encore lui, le nombre des morts recensés depuis le 22 décembre dans les hôpitaux de Roumanie s'élevait à 766, dont 364 pour les seuls hôpitaux de la capitale.

On imagine la stupeur. Nous étions le radeau des médusés. Au point qu'en envoyant la dépêche, un humour macabre nous fit nous demander, en référence à notre franc national, si l'on parlait en nouveaux morts (766) ou en anciens morts; il fallait alors compter 76 600, ce qui restait conforme, grosso modo, à la comptabilité génocidaire qui prévalait encore.

Restait pourtant une ambiguïté : le bilan assené par Kouchner, nous disions-nous, ne prenait en compte que les seuls morts ou blessés conduits dans les hôpitaux roumains. Dans l'absolu, il était après tout envisageable que beaucoup de cadavres ne soient pas passés par les hôpitaux, enterrés par exemple à la sauvette dans d'épouvantables charniers, comme ceux de Timisoara, ou d'autres qui restaient éventuellement à découvrir.

S'il ne leva pas tous les doutes, l'électrochoc Kouchner eut un mérite considérable. Il ouvrit l'ère salutaire du soupçon. Il donna le départ de questions systématiques sur le bilan des victimes de la Révolution roumaine. Questions posées dès lors comme un leitmotiv, à leur grand agacement, aux nouveaux responsables roumains, à chacun de leurs points de presse organisés quotidiennement dans les salons de l'Intercontinental.

Et le soupçon se confirma bien vite. Les nouvelles autorités n'étaient pas en mesure de fournir un bilan général sérieux, même approximatif. Nous n'obtenions que des bribes, quand ce n'étaient pas des dérobades.

Quelques exemples : le 3 janvier, le ministère de la Défense annonce qu'au cours des combats de la révolution, 196 officiers et sous-officiers ont été tués, et 450 militaires blessés. Le 8 janvier, Silviu Brucan, qui était encore un membre influent de la direction roumaine, dont il a depuis démissionné, déclare que le nombre des morts ne dépasse pas 10 000. Merci pour le vague de la précision.

Au moment où j'écris ces lignes, aucun bilan officiel des victimes n'est encore disponible, mais la dernière estimation générale parle d'elle-même. Elle fut lâchée le 2 février 1990, lors du procès de quatre anciens dignitaires du régime Ceausescu condamnés à la prison à vie : 689 morts et 1 200 blessés, sans compter de nombreux « disparus ». Les chiffres cités concernent les affrontements qui se sont déroulés fin décembre à Bucarest, Timisoara, Cluj, Brasov, Sibiu, Braila et Arad.

L'ironie veut que ce soit au nom de ce bilan des combats de la révolution, toujours provisoire, que le procureur ait requis la détention à perpétuité contre les accusés, pour « complicité de génocide ». C'est un point de détail, mais digne d'être noté : réquisitoire et plaidoiries donnèrent même lieu à un interminable débat sur le point de savoir si les accusés devaient être seulement jugés pour « complicité » ou, comme le demandait le procureur, en tant que « coparticipants au génocide ». Ce qui, finalement, ne fut pas retenu.

Je pose ici la question : peut-on sérieusement parler de génocide pour une action de répression de cette envergure menée par un pouvoir aux abois, aussi tyrannique soit-il? Je réponds non. Ou alors, il faut parler de génocide pour toute action répressive un tant soit peu sanglante; il faut parler de génocide chaque fois qu'un pouvoir tire sur une foule en révolte qui le conteste; il faut traiter de génocideurs les dirigeants algériens qui n'ont pas hésité à tirer sur leur jeunesse (j'ai vu à Alger des tombes encore fraîches d'enfants de neuf à quinze ans, tombés sous les balles des mitrailleuses), mais avec lesquels la France continue pourtant d'entretenir les meilleures relations.

Conscients de leur position intenable sur la question du génocide, face à la communauté internationale, les dirigeants roumains ont tenté depuis une manœuvre de repli assez piteuse. A les en croire, les 64 000 morts reprochés à Ceausescu lors du procès seraient ceux des victimes du dictateur depuis son arrivée au pouvoir, en 1965. Autrement dit, nous aurions tout faux. Mais les minutes du procès sont là, et nous avions bien compris : les juges invisibles n'avaient fait que reprendre à leur compte, le 25 décembre, le bilan des combats, démesurément grossi, donné par la télévision hongroise.

A ceux qui seraient tentés de dire : et pourquoi diable la dictature n'aurait-elle pas fait 64 000 morts, par exécutions ou tout autre moyen, nous répondrons en demandant des preuves, et comment on a pu arriver à cette comptabilité de rattrapage génocidaire, sur quelles bases, quelles données? Mais vous le savez bien, de telles preuves n'existent pas. Je sais aussi qu'on pourrait dire encore : quand ils parlent de génocide, les dirigeants roumains prennent sans doute en compte toutes les personnes mortes de malnutrition, de maladies dues aux mauvaises conditions de vie et d'hygiène, au manque de médicaments, en raison de la politique délirante de restrictions et de pénurie de l'ogre des Carpates. Mais, dans ce cas, ce n'est plus de 64 000 morts qu'il faudrait parler, ce serait à coup sûr de beaucoup plus. Et, une fois de plus, il faudrait admettre qu'il y a des génocideurs à la pelle, en particulier chez nombre de voisins communistes de feu Ceausescu, qui imposèrent eux aussi, en raison de la faillite d'un système mis en liquidation par Gorbatchev, de déplorables conditions de vie à leurs concitoyens. Je n'ai pas oublié la Pologne de 1981, j'y fus toute l'année pour l'AFP : les Polonais manquaient de tout, l'alcoolisme et la tuberculose faisaient des ravages, la mortalité infantile était désastreuse. Accusons alors les communistes polonais, et pourquoi pas le président Jaruzelski, de génocide.

Vous voyez bien qu'on n'en sort pas. Et qu'il faut bien l'admettre : Ceausescu ne fut pas un génocideur. Pas plus que ses quatre misérables comparses ne furent complices d'un tel crime; eux qui firent leur acte de veule contrition devant les juges, crachant sur l'ancien maître dont ils baisaient jadis dévotement la main, si longtemps dispensatrice pour eux de toutes les mannes.

CHAPITRE 3

Les charniers perdus de Timisoara

L'Histoire marche à coups de symboles. Il existe toujours un symbole pour résumer, cristalliser la dynamique, la tonalité générales d'un grand événement : horreur, héroïsme, lâcheté. Hugo l'a montré avec Gavroche. Même si tu n'es qu'un personnage de roman, transposé à partir de la réalité d'une révolution populaire, notre cœur toujours battra pour toi, gamin de Paris plus vrai que nature, tombé sous la mitraille en chantant avant d'avoir pu remplir ta musette des balles que tu ramassais pour les insurgés de la barricade. Le nez dans le ruisseau, c'est la faute à... Nos yeux s'embueront toujours à ta chanson stoppée net.

Nul ne peut t'oublier, petit enfant juif aux bras levés, aux yeux affolés, sous les fusils de la chienlit nazie dans le ghetto de Varsovie. Comme nul n'oubliera non plus ta photo lumineuse, résistant anonyme de la France occupée par les barbares du IIIe Reich : tu es en bras de chemise, appuyé contre un mur ensoleillé, c'est l'été, tu vas mourir et tu souris devant le peloton.

J'ai cru trop longtemps que la Révolution roumaine avait trouvé à Timisoara, qui fut son berceau, l'un de ses symboles majeurs. C'était un symbole terrible, une femme et son bébé mort, retirés d'un charnier. J'ai sous les yeux un reportage daté du 24 décembre, il commence ainsi :

« Un enfant de trois ou quatre mois mort, recroquevillé sur le corps de sa mère, morte elle aussi. Tous deux sont allongés par terre au cimetière de la rue Lipovei, à côté d'une vingtaine d'autres corps encore pleins de terre. Des images difficilement soutenables. Tous les cadavres sont nus, et ont été ouverts, puis grossièrement recousus. Certains ont encore les pieds et les mains liés avec du fil de fer. Ce sont des blessés que la Securitate a emmenés pour les tuer, explique l'un de ceux qui veillent les morts. Les corps mutilés de ceux qui ont eu les mains et les pieds coupés, les ongles arrachés, la tête à moitié séparée du corps ou le visage brûlé à l'acide, ont été retirés du cimetière dès samedi et incinérés pour la plupart. » L'une des dirigeantes du Comité démocratique qui a pris le pouvoir à Timisoara, Luminica Milutin, a montré des photos épouvantables prises au cimetière de la rue Lipovei, juste après la découverte du charnier et de ces corps atrocement mutilés. « " Ce sont des sadiques, des fanatiques des unités spéciales de la Securitate, qui vivent dans un monde complètement hors de la réalité, qui ont commis ces mutilations insensées " ont affirmé plusieurs personnes interrogées au cimetière, en comparant ces actes de barbarie aux atrocités de l'époque nazie. »

Oui, la femme à l'enfant était un symbole où l'on pouvait tout lire : la cruauté démente d'une dictature servie par des milliers de bourreaux, et le courage d'un peuple qui avait payé au prix fort, celui de sa vie, sa décision de se soulever, admirable mot où l'on voit des gens humiliés, à genoux, se mettre enfin debout.

La femme et l'enfant : elle fit la « une » de tous les médias épouvantés. Ils ne s'étaient pas trompés sur le symbole, offert sur fond de charnier, avec même une fois cette légende à l'insoutenable photo : une femme enceinte éventrée et son bébé assassiné. Mais la légende, hélas, n'était qu'une légende, dans le pire sens du terme, et c'est une chose qu'on ne devra jamais oublier, ni pardonner.

Comme pour le prétendu génocide à l'échelle du pays, on nous a menti sur celui de Timisoara. On nous a parlé de charniers de 4 630 corps, on nous a jeté en pâture 5 000 morts, et même 12 000. On nous disait le 20 décembre que tous les étudiants de la ville avaient été déportés dans des camions. On nous a pris pour des cons. Aujourd'hui nous savons, il n'y a pas eu de tels charniers, il n'y a pas eu un tel bain de sang. Une fois de plus, je ne prétends pas ici que les combats n'ont donné lieu à aucune horreur, aucun acte de folie meurtrière, que des enfants n'ont pas été tués. Ce serait stupide. Ce que j'affirme, c'est que sur l'essentiel, je veux dire la dimension et la volonté criminelle planifiée du massacre, nous avons été abusés.

Il nous aura fallu attendre le 18 janvier pour savoir; ce fut en prenant connaissance du premier bilan officiel publié par le quotidien *Renasterea Banateana*, de Timisoara. Les victimes de la révolution, nous dit le journal, s'élèvent à 90 tués par balles entre le 17 et le 27 décembre, dont 71 personnes identifiées, et 33 personnes portées disparues. Question : où sont passés les milliers de morts?

Et c'est six jours plus tard, le 24 janvier, que tombe la plus terrible accusation. Elle tombe des lèvres de trois médecins de la ville « martyre », dont une chaîne de télévision allemande a diffusé le témoignage recueilli sur place. Les images d'horreur de Timisoara sont une mise en scène. Je vous livre *in extenso* la dépêche de l'AFP, datée de Cologne : « Les images des cadavres mutilés montrées par les télévisions du monde entier après les massacres de Timisoara résultent d'une mise en scène montée pour incriminer la Securitate, la police secrète de Ceausescu, affirment trois médecins de la ville cités par la chaîne de télévision privée RTL-Plus. Selon le responsable de l'émission Explosiv, M. Ulrich Meyer, qui a diffusé leur témoignage mardi soir, les trois médecins ont affirmé que des corps de personnes décédées de mort naturelle avaient été amenés de l'Institut médico-légal et d'hôpitaux de la ville par des “ révolutionnaires ”, et présentés aux caméras de télévision comme des victimes de la Securitate. C'était le cas notamment de la femme avec le cadavre d'un enfant sur elle. Il s'agissait en fait d'une Roumaine décédée d'une intoxication alcoolique et d'un enfant qui ne lui était pas apparenté, ont déclaré ces médecins. Ces médecins ont affirmé avoir reconnu 13 des corps montrés à la télévision, dont certains, selon eux, portaient clairement des cicatrices dues à l'autopsie. »

Cette fois, c'était fini et bien fini. Nous avions perdu la mère et l'enfant, nous venions de perdre un symbole tragique et nos illusions avec lui. Pire, nous soupçonnions à présent qu'avaient été à l'œuvre à Timisoara de bien sinistres personnages, maquilleurs de la mort, judas des macchabées, qui n'avaient pas hésité, avec le mépris de l'humain que cela suppose, à charrier de pauvres cadavres pour les placer dans des postures d'imposture.

J'ai dit tout à l'heure que l'Histoire marche à coups de symboles. Et que cette mère à l'enfant aurait pu devenir celui de la révolution. D'une certaine manière, cette femme et ce bébé qui n'était pas le sien, sur elle recroquevillé, le resteront. Ils le sont déjà, mais c'est un symbole noir, au panthéon de l'arnaque. C'est le symbole du mensonge et d'une image à jamais perdue de la Révolution roumaine.

Quant à nous autres, les bernés, nous pouvons aujourd'hui battre notre coulpe. Emportés par la vague de l'émotion, nous avons surfé sur elle avec une déconcertante légèreté. Sans rien vérifier. Bernés car notre raison était en berne. Nos cellules grises, si chères à Hercule Poirot, nous les avions laissées au vestiaire, le pathos prévalait. Et les invraisemblances, les étrangetés ne nous ont pas arrêtés une seconde dans la rédaction à chaud de nos réquisitoires. Elles étaient nombreuses pourtant, à bien y réfléchir *a posteriori*.

L'énormité la plus aveuglante porte sur le nombre des morts des charniers. 4 630, c'est considérable, l'équivalent d'une petite ville rayée de la carte. Mais personne, aucun journaliste, et nous fûmes nombreux pourtant à faire le pèlerinage de la cité martyrisée, ne put jamais voir plus d'une trentaine de morts. Où donc étaient passés les 4 600 qui restaient ?

Le problème était tel qu'il fallut quand même trouver une explication à sa mesure. Alors on ranima, ce n'était pas la première fois, le spectre du grand exterminateur que fut Adolf Hitler. On se souvint de ses techniques. La rumeur prétendit alors que, dépassées par l'énormité de leurs crimes, la Securitate, du moins les « unités spéciales », version roumaine des SS, avaient appliqué les mêmes méthodes. Et des milliers de corps trop gênants, car attestant l'horreur à la face du monde s'ils avaient été retrouvés, s'étaient envolés en fumée : incinérés un peu partout dans le pays, à Bucarest notamment, après avoir été transportés avec les moyens du bord, par exemple en réquisitionnant des camions frigorifiques.

L'ombre d'Auschwitz plana sur Timisoara. Les monstres des unités spéciales, et donc le régime Ceausescu, avaient offert à ces suppliciés, dont on n'avait retrouvé qu'une poignée, « une tombe dans les airs », ainsi que l'écrivit le grand poète né en Bucovine, Paul Celan, dans son admirable *Fugue de mort (Todesfuge)*, sans doute le plus grand poème jamais écrit sur la Shoah :

« (...) Nous creusons une tombe dans les airs
on n'y est pas couché à l'étroit
La mort la mort est un maître venu d'Allemagne

il crie assombrissez les accents des violons
alors vous montez en fumée dans les airs
alors vous avez une tombe au creux des nuages
on n'y est pas couché à l'étroit. »

Voilà. Comme à Auschwitz, une « tombe dans les airs » pour Timisoara, et le tour était joué. Et nul ne se posa réellement les bonnes questions, en particulier sur l'entreprise gigantesque d'une telle liquidation, et l'organisation que cela impliquait. Car escamoter aussi vite plus de quatre mille personnes n'est pas une mince affaire. Il y faut d'importants effectifs, pour la seule manutention des cadavres. Il y faut au moins des dizaines de camions, qu'ils soient ou non frigos; tout un dispositif technique, que ce soit pour incinérer ou creuser des fosses communes géantes.

Et nul ne s'interrogea non plus, tout au moins au début, sur l'étrange aspect des corps découverts et montrés avec insistance à la presse. Il est vrai qu'assez vite quelques « observateurs » relevèrent avec étonnement leur « allure ancienne », s'interrogèrent sur ces pauvres dépouilles cousues. Mais on les mit au bout du compte sur celui, déjà si chargé, de la folle Securitate. Sans penser un seul instant que les sbires de la police secrète de Ceausescu, aussi cinglés soient-ils, avaient sans doute en ces temps troublés bien d'autres urgences que de passer leur temps à ouvrir et refermer les cadavres de leurs victimes. Éventrer et recoudre, quel temps perdu quand on y songe! Nous aurions dû y songer. L'aveuglement nous en empêcha. Et l'idée qui germa fut que peut-être cette

« ancienneté » des cadavres était une preuve que le génocide perpétré par le régime était lui aussi plus ancien. C'est ce qu'envisage Georges Kiejman, rappelez-vous, dans sa déclaration sur le procès-simulacre : « Il est probable que les charniers atroces que l'on découvre n'ont pas été constitués dans les derniers jours. »

Aujourd'hui, nous savons que la rumeur de l'incinération eut un fondement réel, mais sans commune mesure avec les bilans timisoaresques des charniers. C'est un fait, quarante cadavres des victimes des affrontements de Timisoara ont été incinérés clandestinement le 19 décembre dernier à Bucarest.

Voici la version officielle. Elle fut donnée le 11 janvier dernier dans un communiqué signé par le procureur général de Roumanie, Gheorghe Robu, et le vice-ministre de l'Intérieur et chef de la police, le général-colonel Jean Moldoveanu. L'ordre, nous disent-ils, est venu d'Elena Ceausescu, « l'académicienne analphabète ». C'est elle qui chargea Tudor Postelnicu, le ministre de l'Intérieur de Ceausescu (le Danube de la pensée était depuis le 18 décembre en voyage officiel en Iran, dont il ne rentrera que le 20), de prendre des mesures pour faire incinérer les cadavres.

Les choses se passent alors comme suit. Postelnicu, qui a depuis reconnu les faits lors de son procès, transmet l'ordre à Emil Macri, chef du 2e département de la Securitate, et au colonel Constantin Nuta, chef de l'inspection générale de la Milice. Tous deux sont dépêchés à Timisoara. Là, ils se procurent un camion isotherme pour transporter les quarante cadavres emballés dans des sacs plastique (on retrouve ici le fondement de la rumeur), avec l'aide de deux colonels de la Securitate. L'un d'eux, le colonel Gheorghe Ganciu, avait travaillé précédemment à l'administration des cimetières de Bucarest. Emil Macri et Constantin Nuta réquisitionnent deux autres colonels, Petre Morarau et Ion Baciu (le communiqué ne précise pas leur unité) en leur mentant effrontément. Ils leur demandent d'attendre le camion isotherme sur l'autoroute, à trente-six kilomètres de Bucarest, pour le diriger vers le crématorium. Mais ils prétendent qu'il s'agit de « colis d'aide étrangère, qu'on ne peut ni remettre aux manifestants de Timisoara ni brûler sous leurs yeux ». Tout fonctionne parfaitement, et les quarante cadavres volés sont brûlés le 19 décembre au crématorium de la capitale. Aucun document ne permet de les identifier, aucun acte légal n'a été conservé, pas même les cendres des victimes.

Mais, dira-t-on, pourquoi une telle décision? Elle avait pour but, si l'on se réfère au même communiqué, d'« éviter de nouveaux incidents si les cadavres étaient remis aux familles ».

Je terminerai ce chapitre en formulant une proposition qu'on jugera peut-être naïve, voire irréaliste. Pourquoi n'enverrait-on pas sur place, à Timisoara, une commission d'enquête internationale, afin de faire toute la lumière sur ce qui s'est passé dans cette ville qui fut le détonateur de la Révolution roumaine?

L'intérêt n'est pas mince d'une telle commission.

Elle nous apprendrait sans doute – si toute latitude lui était laissée de mener ses recherches sur le terrain – d'intéressantes choses sur les horreurs réelles et prétendues; sur les « révolutionnaires » trafiquant les cadavres; sur le début des événements aussi, qui dérapèrent, semble-t-il, dans la violence au moment précis où le grand lion de Bucarest venait de s'envoler pour le pays des ayatollahs.

Mais il y a toujours des impatients, qui préfèrent aller de l'avant, sans entrer dans les détails. La ville de Nice par exemple, qui vient de se jumeler avec Timisoara. Il est vrai qu'elle avait à se faire pardonner la présence sur les listes de son université d'un docteur *honoris causa* plus du tout fréquentable. Il avait été admis voilà quinze ans, avec l'aval, à l'époque, des ministères de l'Éducation nationale et des Affaires étrangères. Vous avez deviné, bien sûr, ce docteur, qui l'est toujours officiellement, n'était autre que Nicolae Ceausescu. Devenu aujourd'hui pour les Niçois un véritable docteur « horroris causa », tant pis pour ce mauvais latin.

CHAPITRE 4

Le « bateau » des mercenaires étrangers

Je n'oublierai jamais son irruption dans le bureau de l'AFP, salle 220 à l'Intercontinental. C'était le 2 janvier 1990, au milieu de l'après-midi. Depuis que je suis journaliste, je n'ai jamais vu un type aussi furax pénétrer dans mon bureau. Petit, râblé, les yeux bleus légèrement exophtalmés, il soufflait comme une tempête force 9, une tempête quinquagénaire qui aurait eu l'accent italien. Car Oreste Vincenti, c'est son nom, était italien, mais ce jour-là il n'avait qu'une seule nationalité : il était furibard, venu tout droit de la Furibardie, pays dont les gens sont connus pour vous souffler dans les bronches. Oreste Vincenti était sympathique, avec un physique à la Ugo Tognazzi, un sourire engageant, séduisant même, quand il le voulut bien, un peu plus tard. Mais son entrée fut terrible. Il parcourait du regard la pièce 220, où nous étions plusieurs, occupés à rédiger des dépêches, ou à écouter, avec l'aide de nos deux traducteurs, la radio et la télévision sans cesse branchées. Oreste Vincenti agitait des papiers à la main et, à vrai dire, il avait l'air à ce point hors de lui que nous n'aurions guère été surpris s'il avait balayé d'un revers de manche tout ce qui se trouvait sur nos tables, shooté dans la corbeille à papier, giflé à la volée chacun de nous l'un après l'autre. Ce 2 janvier, Oreste Vincenti était une tornade humaine revêtue d'un manteau, et moi, je remarquai au passage qu'il avait un trou à son tricot, mais je ne me risquai pas à le lui signaler. On peut être journaliste, couvrir des révolutions, sans être complètement suicidaire.

– Je veux parler au responsable de l'Agence France-Presse, tonne l'énergumène. Et ne dites pas qu'il est absent, sinon je m'assieds et j'attends jusqu'à ce qu'il revienne. C'est une honte!

Tous les regards se tournent vers moi. Coordinateur de la couverture de l'AFP à Bucarest, où nous n'avions pas de bureau officiellement installé, il était évident qu'aux yeux de cette bombe transalpine le responsable, ce serait moi. Je le lui dis, avec la plus grande courtoisie, en lui demandant s'il ne voulait pas retirer son manteau, avant de m'abattre à bout portant. Mais Oreste Vincenti n'avait pas le cœur à rire. Il me tendit un télex, me l'agita sous le nez en criant : « C'est vous qui avez écrit ces conneries, comment pouvez-vous écrire des conneries pareilles? Et si on me tue après, si mes hommes se font lyncher sur place, vous vous en foutez, vous écrivez de la merde, c'est ça une grande agence, écrire de la merde! »

Je reconstitue, vous vous en doutez bien, le dialogue de mémoire; mais vous avez ma parole, ma mémoire est aussi fidèle que Pénélope qui attendit en cousant son roi d'Ithaque, la diatribe fut encore plus violente, malgré le charme, qui m'a toujours fait fondre, de l'accent du pays de Dante et de Paolo Conte.

Et je dus prendre le télex. C'était une dépêche de l'AFP, publiée par le journal libanais *L'Orient-Le Jour*. Datée de Constanta, port roumain de la mer Noire, la dépêche expliquait que des mercenaires étrangers, arabes pour la plupart, combattant aux côtés de la Securitate, avaient été localisés dans la région, et qu'ils avaient même bénéficié du soutien logistique de deux bateaux ancrés à Constanta, le *Solara* et le *Carolina V,* lesquels avaient dû être « neutralisés ». La source, citée par le journaliste, était à première vue tout ce qu'il y a de sérieux – béton, comme on dit dans ce métier où Bouygues a pris des options – puisque toutes ces informations avaient été recueillies auprès du capitaine de vaisseau Emanoil Jiganas, porte-parole officiel du commandant en chef de la marine roumaine. La dépêche une fois lue, je ne comprenais toujours pas la fureur du signor Vincenti. Je le lui dis : « Je ne connaissais pas cette dépêche, mais je ne vois pas très bien où est le problème. »

Il manqua s'étouffer. « Vous ne connaissez pas la dépêche, vous ne connaissez même pas ce que vous envoyez, qu'est-ce que c'est que cette agence, vous êtes chef de quoi? » Je dus alors expliquer que ce papier avait été envoyé par un journaliste directement de Constanza aux services de l'AFP à Paris, sans passer par Bucarest, et que nous-mêmes, dans ce bureau improvisé, nous ne recevions pas le retour du service de l'agence. « Vous voyez bien, lui dis-je, comment nous sommes installés. » Et j'ajoutai dans la foulée que je ne comprenais toujours pas ce qu'il contestait dans la dépêche, et qui le faisait trépigner depuis dix minutes devant moi. Il me le hurla aussi sec aux oreilles.

– Mais tout est faux, voyons! Ces deux bateaux n'ont jamais servi de soutien logistique aux terroristes, comme vous l'avez écrit. Ce sont des mensonges.

J'appris alors qu'Oreste Vincenti était le propriétaire d'un des deux bâtiments incriminés; le sien battait pavillon libanais, ce qui expliquait que des amis se soient émus au Liban et lui aient fait parvenir par télex le texte de la dépêche publiée par *L'Orient-Le Jour.*

– Oui, le *Carolina V,* c'est mon bateau, du nom de ma fille, elle s'appelle Carolina. Le V, c'est pour Vincenti. Jamais il n'y a eu de terroristes étrangers là-bas, personne n'en a vu, et moi je suis devenu avec vous un soutien logistique. Je fais depuis dix ans du commerce entre la Roumanie et le Proche-Orient, je transporte des produits roumains, je n'ai rien à faire des terroristes. Ce qui s'est passé, c'est qu'on a fouillé mon bateau, et le *Solara* aussi, à cause des événements. Voilà ce qui s'est passé. Ils ont fouillé partout, le samedi 24 et le dimanche 25 décembre, ils ont même cherché sous la coque avec des scaphandres. Mais ils n'ont rien trouvé parce qu'il n'y avait rien à trouver. Ni sur mon bateau ni sur le *Solara,* je connais bien le propriétaire, c'est un ami. Je veux que vous fassiez un démenti.

La présence de mercenaires étrangers? Oreste Vincenti avança une explication. Oui, il avait vu dans la région de Constanza de nombreux étudiants des pays arabes. Ils venaient de partout, de Bucarest et d'ailleurs. Effrayés par les combats, convaincus par les commentaires alarmistes que l'on s'acheminait vers une guerre civile, ils tentaient à toute force de regagner leur pays par la seule voie encore libre, la mer Noire, puisque l'espace aérien roumain avait été fermé.

Il voulait un démenti. Je lui demandai ses papiers. Il les extirpa de sa poche. Tous. Il s'appelait bien Oreste Vincenti, il était bien le propriétaire du *Carolina V.* Il avait même une résidence à Bucarest, dont il me donna l'adresse et le téléphone. Je les ai gardés dans mes carnets.

Et je dus faire un démenti, sous le titre : « Un armateur italien dément que son bateau ait fourni un soutien logistique à des terroristes étrangers. »

Mais Oreste Vincenti eut une dernière exigence, il voulut à tout prix connaître le nom du journaliste qui avait rédigé la dépêche, et savoir si on pouvait le joindre par téléphone. Le journaliste était de retour à Bucarest, j'accédai à la double demande. Et la tempête recommença, cette fois au travers du combiné d'un téléphone. Je vous en fais grâce. Le journaliste maintint ses sources, sous les cinquantièmes rugissants. Puis Oreste Vincenti quitta la pièce 220. La promesse d'un démenti immédiat l'avait rassuré, nous n'étions plus tout à fait de la merde.

C'est dans ce contexte agité que je pris conscience du mensonge des mercenaires étrangers, qui fut l'une des accusations mises en avant contre Ceausescu par ses juges. L'accusation n'a l'air de rien à première vue, mais quand on y regarde mieux, elle revêt une importance particulière. Réfléchissez. Si l'on ne reprocha jamais quelque chose à Ceausescu en Occident, ce fut bien son nationalisme. Même les opposants roumains les plus farouches y reconnurent toujours un point à mettre à son crédit. C'était peut-être le seul à leurs yeux, mais pour cette raison justement, il n'était pas négligeable. Ceausescu pouvait être tout ce qu'on voulait, il avait une spécificité que l'Ouest toujours apprécia : il n'était pas à la botte de Moscou, il n'était pas un domino comme les autres, qu'on pouvait déplacer comme on voulait sur le rouge échiquier.

Tous le reconnaissaient, Ceausescu n'était pas Honecker, Jaruzelski ou Jivkov, il ne prenait pas ses ordres au Kremlin, il pouvait même faire la nique aux Russkofs. Il ne s'en priva pas lors de l'écrasement du printemps de Prague, en août 1968, qu'il se paya le luxe de désapprouver ouvertement, après avoir refusé d'y participer militairement dans le cadre du pacte de Varsovie. Il ne s'en priva pas non plus en maintenant ses relations diplomatiques avec Israël après la guerre des Six-Jours; en faisant en 1971 un voyage à Pékin, en pleine brouille sino-soviétique; en envoyant en 1984 ses sportifs aux jeux Olympiques de Los Angeles, que tous les autres pays de l'Est avaient décidé de boycotter.

Le nationalisme roumain, et l'on sait combien il est vivace, s'est toujours félicité de ces affirmations d'une spécificité propre au pays, de cette image d'allié le plus rebelle de Moscou. Je le répète : alors que les Roumains ne pouvaient plus rien avaler de Ceausescu, quand tout leur restait en travers de la gorge, la seule chose qui pouvait encore passer, qu'on lui concédait à regret, c'était cette volonté affichée d'indépendance nationale.

Du même coup, vous l'aurez compris, les mercenaires étrangers ne sont pas un détail anodin ajouté dans la liste des accusations d'un procès joué d'avance. Ils s'inscrivent au contraire dans une tactique fort habile de destruction systématique de l'image du tyran, de ce qui aurait pu encore jouer en sa faveur.

Car faire appel à des mercenaires étrangers, pour tirer sur son propre peuple, n'est-ce pas la plus haute trahison pour un nationaliste pur et dur? Voilà quelqu'un qui s'est toujours targué de régler ses affaires lui-même; qui a toujours affiché une volonté d'indépendance, ce qui d'ailleurs l'a conduit à affamer son peuple en voulant éponger toute dette extérieure; et ce quelqu'un, mis en difficulté par son peuple en révolte, ne trouve rien de mieux que de faire appel à des étrangers, pour mater dans le sang la rébellion, au lieu de régler l'affaire en famille.

Rappelez-vous le « procès », l'accusation dit : « Qui sont les mercenaires étrangers qui tirent, qui les a faits venir? »

Oui, pour Ceausescu, et aux yeux de la population roumaine, y compris de ses partisans, l'accusation était gravissime, infamante.

Je me souviens. A peine arrivé à Bucarest, la nouvelle était là. On parlait, comme un fait assuré, de commandos arabes faisant le coup de feu aux côtés des unités spéciales de la Securitate. On parlait de Libyens, de Syriens, de Palestiniens, d'Iraniens. Il était question de véritables corps expéditionnaires, venus par la mer Noire. Les Iraniens, eux, auraient suivi le Conducator peu après son retour de Téhéran, dans trois avions affrétés spécialement. Les chiffres valsaient allégrement, celui de trois mille fut avancé. Des cadavres avaient été trouvés, assurait-on, qui levaient tous les doutes. Les démentis en cascade des pays arabes mis en cause n'y changeaient rien, il était normal qu'ils démentent, ils n'allaient quand même pas reconnaître une chose pareille!

Certains susurraient même que des Nord-Coréens avaient été abattus dans le pays, aux côtés des terroristes.

Mais alors, demandaient quelques petits futés, comment expliquer que les autorités ne soient pas en mesure de présenter à la télévision un seul corps de ces combattants étrangers? Comment se fait-il qu'elles soient incapables de diffuser la moindre interview d'un prisonnier? Car, parmi tous ces mercenaires, quelques-uns avaient bien dû se faire tuer, ou prendre les armes à la main.

Les réponses avancées par de plus futés encore que les précédents mettaient en avant le paramètre diplomatique, et ça donnait de succulentes analyses : « Allons, mon vieux, réfléchis un instant, tu penses bien que ce n'est pas le moment pour les nouveaux dirigeants de Bucarest de se mettre à dos des pays arabes, avec lesquels la Roumanie entretient des relations bien plus complexes qu'on ne le suppose. On a renversé Ceausescu, mais il n'est pas dit qu'on ait intérêt, du moins pour l'instant, à modifier certains aspects de sa politique étrangère. Et puis, pense à l'argent des pays arabes, ce n'est pas forcément négligeable... »

Et vint enfin le général Vasile Ionel, nouveau chef d'état-major des armées. Le 3 janvier, au lendemain de l'apocalyptique intrusion d'Oreste, il dément tout dans une conférence de presse. Formellement. Il n'y a pas eu, assure-t-il, de mercenaires étrangers en Roumanie, il n'existe aucune preuve en ce sens. « Nous avons bien, dit-il, découvert ici et là quelques cadavres présentant une physionomie différente de celle des Roumains, mais il est impossible d'en déduire quoi que ce soit », et de toute façon, « les corps retrouvés n'avaient sur eux aucun papier d'identité ». Quant aux bâtiments étrangers, le général est affirmatif : pas l'ombre d'un qui ait pu servir de soutien logistique. Les seuls navires, y compris militaires, arrivés ou attendus à Constanza n'ont d'autre mission que d'« acheminer l'aide de pays amis au nouveau régime roumain, qui les en remercie vivement ». Fermez les guillemets.

Une anecdote avant de finir. Le jour de Noël avait pourtant failli être un grand jour d'illumination xénophobique. Ce matin-là, la presse étrangère avait été conviée à une conférence de presse à l'hôpital des urgences de Bucarest. Ricardo Uztarroz s'en souvient parfaitement, il y était pour l'AFP. « Mon vieux, on a cru soudain que c'était arrivé. Le directeur de l'établissement nous parle des soins, des blessés et, tout à trac, il nous lâche que, parmi eux, il a trois mercenaires étrangers, dont deux Libyens. Tu imagines la réaction de la cinquantaine de journalistes présents! On lui demande des preuves, comment il a pu les identifier. Et le directeur nous répond texto : " L'identification a été très difficile, ces gens-là n'avaient pas de papiers sur eux, et parlent parfaitement le roumain, sans aucun accent, car ils vivent dans le pays depuis des années. C'est le procureur général, aussitôt alerté, qui les a finalement identifiés, au faciès. " Au faciès, tu te rends compte! On était pliés. C'était carrément surréaliste. T'as qu'à penser au physique de tas de Roumains, brun très mat et moustachus; si tu marches au faciès, mon pote, tu arrives à une déduction angoissante : la minorité nationale la plus forte du pays, c'est pas les Hongrois, ce sont les mercenaires arabes. »

Oreste Vincenti avait raison. Quand il m'expliqua que *Carolina V* était le nom de sa fille, je demandai : « Elle est jolie? » Il répondit : « Très belle, mais elle vient de se marier »; alors j'ajoutai, histoire de détendre l'atmosphère : « C'est une triste journée, rien que des mauvaises nouvelles »; et je fus fusillé du regard.

Mais je te remercie, Oreste Vincenti, je suis sûr que ta fille est la plus jolie. Et je te dédie ce chapitre. Armateur éclairé, armateur qui m'éclaira sur un nouveau « bateau » qu'on nous avait monté. Ton télex de *L'Orient-Le Jour* fit pour moi se lever à l'orient le jour d'une autre vérité qu'on avait travestie. Une vérité de plus, c'est toujours bon à prendre pour un journaliste.

CHAPITRE 5

L'énigme Securitate

La première nuit de mon arrivée à Bucarest, j'ai pris une douche brûlante, dans ma chambre de l'Intercon, numéro 1143. Il devait être deux ou trois heures du matin. Rien comme une douche pour se remettre les idées en place, je passe sur l'élimination de la crasse du voyage, qui n'est pas tout à fait subsidiaire. J'en étais à enjamber la baignoire, tout entortillé dans ma serviette, lorsque j'eus un léger frémissement d'inquiétude. Voilà que je ressentais un peu partout des picotements. Seigneur, des picotements. Après une douche à Bucarest! J'examinai ma pauvre peau, mais non, elle ne partait pas en lambeaux, ne cloquait pas, elle était rouge, ce qui est normal après une douche bien chaude.

Bon, j'abrège le suspense. C'est vrai que mon inquiétude fut tout ce qu'il y a de léger. Je mentirais si je l'exagérais, outre que je ruinerais d'un coup une vieille réputation d'héroïsme samouraï. Mais elle n'aurait pas été possible ailleurs qu'à Bucarest, sans l'existence d'une rumeur tenace : la Securitate avait injecté des doses massives de cyanure dans les canalisations d'eau de la capitale, pour la changer en eaudelà pour le plus grand nombre possible d'habitants. Voilà pourquoi mes picotements n'eurent pas le même effet à Bucarest qu'à Paris. A cause de la Securitate, et de la psychose qu'elle avait engendrée.

Une incroyable psychose. Prenez l'histoire du cyanure : aussi folle soit-elle elle avait entraîné une crainte si grande dans la population que la radio et la télévision roumaine furent contraintes pendant plusieurs jours de diffuser des communiqués quotidiens pour annoncer qu'on pouvait boire l'eau sans crainte. Pierre Dac aurait dit : Sans crainte que l'eau bue éclate.

Que ne racontait-on pas sur la Securitate! Vous avez déjà pu mesurer la psychose au fil des précédentes pages. La femme et l'enfant de Timisoara, les charniers, c'était elle. Le génocide de 64 000 morts, c'était encore elle, bien sûr. Elle rentrait dans les maisons pour massacrer les familles, faisait irruption dans les hôpitaux pour achever les insurgés blessés, après leur avoir fait subir d'irracontables tortures. Et quand le jour tombait, n'oubliez pas que nous sommes au pays des vampires qui ne supportent pas la lumière diurne, la Securitate sortait de ses repaires, comme Nosferatu, pour boire, insatiable, sa ration de sang frais. D'invisibles snipers gagnaient les étages des immeubles, ou les toits, pour tirer sur les habitants.

A Bucarest, la horde des monstres se déplaçait dans des kilomètres de souterrains dont elle seule avait les plans, pour surgir où jamais on ne l'attendait et perpétrer ses crimes. Avant de se fondre à nouveau dans la nuit. Et chacun attendait toujours plus d'horreur. Même quand il fut clair que le régime était cuit, que Ceausescu s'était enfui, la Securitate continua de terrifier. On redoutait à présent sa vengeance, un bain de sang à la mesure du désespoir de ces troupes de mort qui avaient tout perdu et n'avaient donc plus rien à perdre. Les informations les plus abracadabrantes circulèrent, reprises dans le monde entier. Les « sécuristes » (au passage on notera la macabre ironie de la proximité de ce mot avec celui de secouristes) s'étaient réfugiés dans de secrets et inexpugnables bunkers aménagés dans les Carpates, et préparaient de là une contre-offensive. Les plus terribles de ces anges de la mort étaient bien entendu les « unités spéciales », plus particulièrement chargées de la protection du clan Ceausescu.

Combien étaient-ils, ces irréductibles? On avança jusqu'au nombre de 30 000. Et la terreur était d'autant plus grande qu'on les disait armés jusqu'aux dents, soldats d'élite, surentraînés, virtuoses des actions de commando et du terrorisme. Ces pourvoyeurs stakhanovistes de Charon disposaient de blindés, d'hélicoptères, de l'armement le plus perfectionné, de considérables stocks d'armes et d'explosifs. Quand bon le leur semblerait, ils pourraient faire sauter tous les immeubles qu'ils voulaient, les points stratégiques, les nouveaux centres du pouvoir, que sais-je encore...

Et cette armée des ombres, qui poussait le diabolisme jusqu'à revêtir des uniformes de l'armée (c'est une accusation du procès), était aux yeux de la population d'autant plus redoutable qu'on la créditait (on verra plus loin que, cette fois, c'est à bon droit) de complicités innombrables dans le pays où elle avait tissé des années durant sa géante toile d'araignée. Encore aujourd'hui, redoutait-on, la Securitate pouvait compter un peu partout sur des appuis occultes, des milliers de gens à sa botte. Oui, la crainte était telle que, plusieurs jours après la liberté regagnée, les Roumains n'avaient pas encore tout à fait retrouvé l'usage de la libre parole. Ils étaient comme des paralytiques à qui le médecin vient d'assurer que c'est fini, qu'ils peuvent marcher, qu'ils sont guéris, mais qui n'y croient pas encore tout à fait, et se disent qu'ils risquent de tomber au premier pas, eux qui n'ont jamais marché. Les Roumains eurent peur longtemps, ils tremblent encore, ces grands convalescents du mutisme ne se remirent que peu à peu à parler comme on parle chez nous, tant ils étaient depuis longtemps habitués à être sur écoute; tant il était clair pour eux que sur trois personnes réunies, fussent-elles des amis supposés, une au moins émargeait forcément à la terrifiante Securitate, sans qu'on sache jamais laquelle.

Quand j'arrivai à Bucarest, je baignai aussitôt dans la psychose. Elle était partie intégrante de l'air qu'on respirait, un gaz délétère qui l'empoisonnait. Je l'inhalai comme tout le monde. Rien d'étonnant pour moi, pourtant. Je l'ai dit, j'étais à peu près convaincu de débarquer dans une guerre civile, donc au sein de l'innommable, et mon départ m'avait d'ailleurs valu bien des appels à la prudence, avec en prime cette phrase d'une amie, qui m'avait arrangé le moral : « J'ai un mauvais pressentiment, n'y va pas. » Mais Delphes pour une fois se trompait, le ciel soit loué pour cette oraculaire bévue, sans quoi vous n'auriez pas ce livre; et l'occasion de sursauter aux lignes qui vont suivre.

Le salut pour moi fut dans la fuite, à l'inverse du tyran. J'entends par là que la fuite de Ceausescu me sauva de la psychose, éclaira soudain d'un jour nouveau l'énigme Securitate. Ce fut une fuite pitoyable, solitaire, Varennes au pays des Carpates. On en connaît désormais le déroulement, au début lâché par bribes, puis peu à peu avec une abondance de détails.

La misérable équipée commence le vendredi 22 décembre, peu avant midi. Ceausescu Ier comprend que c'est râpé, que son règne touche à sa fin, qu'il est grand temps de fuir, avant qu'on ne lui mette la main au collet. Depuis la veille, jeudi noir, où sa manifestation « de soutien » s'est retournée contre lui à Bucarest, le Conducator a perdu le contrôle de la situation. Vendredi en fin de matinée, il tente pourtant un dernier coup : il annonce que son ministre de la Défense, le général Milea, ce « traître », s'est suicidé; il décrète l'état d'urgence sur tout le territoire; tente même une dernière fois de parler à la foule, mais c'est sous les huées, elle crie : « A mort, à mort. » Les dernières cartes sorties de la manche n'ont servi à rien, la manche est perdue, la seule « belle » qui reste, le dictateur va la jouer au sens argotique.

Au siège du Comité central, à Bucarest, c'est l'affolement. Tous les dignitaires du régime entourent le roi dont chacun sait à présent qu'il est à deux coups, peut-être un seul, de l'échec et mat. Il y a là le ministre de l'Intérieur, Tudor Postelnicu, cinquante-huit ans, Emil Bobu, numéro trois de la hiérarchie du PC roumain, soixante-deux ans, Manea Manescu, vice-président de la République, soixante-treize ans, et Ion Dinka, vice-Premier ministre, soixante et un ans. De tous les hommes liges du seigneur en perdition, Dinka est le plus redouté de la population roumaine; son goût immodéré des arrestations lui a valu le détestable surnom de *Dinca te leaga,* ce qui veut dire en roumain « le ligoteur ».

Il y a aussi le général Iulian Vlad. Personnage qu'on dit d'une intelligence aiguë, il assiste à la fin du règne; c'est le chef de la Securitate, et nul ne sait encore, mais on verra plus loin ce qu'on peut en penser, s'il a ou non déjà changé de camp.

Ce vendredi donc, l'Histoire se retourne, l'heure qui sonne est celle des « ligoteurs » ligotés. Il faut fuir. Ce sera à bord d'un hélicoptère, appelé en catastrophe. Il se pose sur le toit du Comité central. Mais il n'y a pas de place dans l'appareil pour les dignitaires qui voudraient jouer la fille de l'air. Manea Manescu montera seul avec les Ceausescu, mais pas Postelnicu, non plus qu'Emil Bobu, dont la petite histoire dit qu'il baisa une dernière fois les mains du maître avant l'envol. L'hélico s'arrache de la plate-forme du Comité central, au moment où la foule envahit déjà le bâtiment. Les pontes du Parti abandonnés sur place sont autant de rats dans la nasse, ils seront pris peu après.

Et Varennes commence pour le couple royal léniniste. Sinistre voyage sous le signe de la déchéance et de la trahison. Le pilote de l'hélico, le commandant

Vasile Malutan, sait lui aussi que tout est fini, il n'a dès lors qu'une idée en tête (à moins que ce ne soient des ordres), se débarrasser de ses encombrants passagers; mais comment faire? Il y parviendra finalement en se faisant repérer, mine de rien, par les radars. On atterrit d'abord dans le parc du château de Snagov, l'une des nombreuses résidences du dictateur. Là, Ceausescu passe quelques coups de fil, il demande du renfort, d'autres hélicoptères. Il n'en verra jamais la couleur. Alors on repart, cette fois en direction de l'aéroport militaire de Boteni, dernier espoir d'une fuite en avion vers l'étranger. Mais on ne se posera jamais à Boteni. Le pilote a-t-il, comme le veut une version, fait valoir que se poser équivaudrait à une arrestation immédiate? La tour de contrôle a-t-elle signalé la fermeture de l'espace aérien? Toujours est-il que les fuyards décident de laisser tomber, au sens propre et au figuré, de regagner le plancher des vaches qui n'ont jamais été aussi maigres : la chute à pic continue, on se pose finalement dans un champ, au bord d'une route, à cinquante kilomètres et des poussières de Bucarest, dans le secteur de Tirgoviste. La première voiture qui passe, une Dacia, est interceptée, ses occupants expulsés, et on fonce vers le village de Vacaresti. C'est tout près de Tirgoviste, sept ou huit bornes tout au plus. Mais il va falloir très vite abandonner le véhicule, aussitôt repéré, dont la radio diffuse le signalement et la position approximative.

A ce moment, il est environ 14 heures. Ça sent le roussi, le dénouement est proche. Il aura un protagoniste inattendu, Nicolae Petrisor. Petrisor, la quarantaine, ouvrier dans une coopérative de Tirgoviste, est braqué au moment où il lave paisiblement sa voiture, encore une Dacia, garée devant sa maison, à Vacaresti. Pris en otage, devenu malgré lui le dernier chauffeur des tyrans aux abois, il va connaître les trois plus longues heures de sa vie. Le couple affolé, qui n'est plus accompagné que par un seul agent de la Securitate, part en quête d'un dernier refuge. Introuvable refuge. On tourne en rond, la dernière errance. Ceausescu se met à pleurer. C'est l'hallali. Dans une rue de Tirgoviste, un camion bloque la Dacia. Le « sécuriste » descend, va voir ce qui se passe. Mais le couple est reconnu, la voiture redémarre en trombe, abandonnant sur place le garde du corps ultime. Les Ceausescu sont seuls désormais, avec Petrisor. Le soir tombe. On continue de tourner en rond. Et tout s'achève dans un centre de protection des plantes, que Petrisor connaît bien. Petrisor dit qu'il va chercher de l'aide, les deux monarques ne sont plus que deux vieillards lessivés, ils sont crevés, ils ont froid, ils ne tentent même pas de l'en empêcher. Quand Petrisor entre dans le hall, une douzaine de personnes sont plantées devant la télé, occupées à commenter la folle accélération de leur histoire nationale. Il déclenche une franche rigolade lorsqu'il annonce que les Ceausescu sont dans sa voiture, garée à quelques mètres. Mais Petrisor insiste, on finit par aller voir. Bon sang, c'était vrai. Vingt-cinq années de dictature finissent dans une petite pièce où l'on enferme à double tour le génie des Carpates et l'« académicienne analphabète ». C'est fini. Les Ceausescu sortent piteusement de l'Histoire; Nicolae Petrisor y entre en fanfare, devenu pour tous les Roumains l'homme qui arrêta les tyrans.

Je l'ai dit, je dois à ce Varennes carpatique de m'être posé les premières questions sur le rôle exact de la Securitate dans les événements de décembre. Vous en serez d'accord, nul ne peut lire ce récit sans que lui monte aux lèvres un flot de questions : mais où diable était passée la terrible et toute-puissante Securitate, où donc étaient les redoutables unités spéciales; comment expliquer cette fuite lamentable, solitaire, l'absence de toute position de repli, la rapidité avec laquelle Elena et Nicolae Ceausescu ont pu être maîtrisés puis arrêtés?

Dès le début de cette fugue-débâcle, les seuls agents de la Securitate ne sont qu'une poignée, abandonnés au fil des étapes, chaque fois plus désastreuses. Il eût pourtant été facile aux unités spéciales d'assurer, même en urgence absolue, la fuite du vieux tyran. On ne voit pas très bien comment, dans un pareil cas de figure, les militaires auraient pu s'opposer à cent ou deux cents malabars d'une garde prétorienne surarmée, prête à livrer combat jusqu'au bout.

La Securitate, disait-on, et sur ce point au moins l'information paraît exacte, disposait d'armements considérables, de blindés, de bases d'hélicoptères. Comment se fait-il alors qu'un seul hélico ait pu « voler » au secours des Ceausescu? En vérité, le sentiment est fort d'un abandon du couple par ceux-là mêmes qui pouvaient assurer son salut.

C'est au point qu'il est permis de se demander si la direction de la Securitate, et notamment le général Iulian Vlad, n'a pas lâché très vite Ceausescu, en échange de quelques promesses. L'une de celles-ci pourrait être une relative clémence pour les membres de la police politique, si détestée par la population. Et le premier signe de cette clémence pourrait bien être l'abolition de la peine de mort, annoncée très vite, dans son adresse de nouvel an à la nation, par Ion Iliescu, l'actuel numéro un roumain. Une abolition décidée pour des raisons qu'on nous permettra de penser plus politiques qu'humanitaires, et qui profite pour l'essentiel à ceux qui pouvaient encourir ce châtiment suprême : les gens de la Securitate.

Cette abolition, le fait est notable, a déclenché un tollé immédiat dans l'opinion; au point que les nouveaux dirigeants de Bucarest, dans un « je recule-j'avance » remarqué, ont d'abord annoncé la tenue d'un référendum sur le maintien ou non de la peine capitale dans le pays, pour revenir aussitôt après à leur première décision de l'abolir. L'opinion ne s'y était pas trompée, la mesure de clémence bénéficiait pratiquement aux seuls « sécuristes », étrangement ménagés après tant d'horreurs qui leur furent reprochées.

Bien sûr, on pourrait mettre cette clémence sur le compte du seul souci compréhensible du nouveau pouvoir roumain d'éviter une sanglante « chasse aux sorcières ». Ce souci fut plusieurs fois souligné officiellement. Je crois que la vérité est tout autre. Je crois que la Securitate a été épargnée pour une raison toute différente : le rôle, à mon avis fort ambigu, qu'elle a joué dans cette étonnante révolution.

On le sait désormais, la Securitate n'a pas perpétré le génocide annoncé, lors des combats de « libération ». Elle n'a pas semé un peu partout dans le pays les charniers qu'on disait pour épouvanter le peuple. C'était une fable macabre, « cousue » de fil blanc, ou rouge, comme on voudra. Elle ne s'est pas non plus retranchée dans des bunkers des Carpates, pour y préparer cette prétendue contre-offensive dont le nom de code aurait pu être « Hémoglobine ».

J'irai plus loin encore. Le bilan des morts de la révolution garde son mystère sur un point essentiel : combien doit-on en attribuer à l'armée, combien à la police secrète de l'ogre?

C'est un point qui n'est pas éclairci. On connaît la version des autorités. Elle fait porter l'écrasante responsabilité des victimes aux unités spéciales de Ceausescu, et tente à toute force de blanchir l'armée, tenue pour avoir presque aussitôt basculé, assurant ainsi le succès des insurgés. Cette volonté de blanchiment par avance, et à tout prix, de l'institution militaire, vous la trouvez inscrite dans le procès : c'est l'accusation faite à Ceausescu d'avoir fait tirer sur le peuple par des agents de la Securitate déguisés en militaires, afin de discréditer l'armée dans l'opinion. L'astuce est commode, elle entend par avance neutraliser tout témoignage défavorable à l'armée. Vous dites avoir vu des soldats tirer sur la foule? Mon malheureux ami, c'est ce que vous croyez, vous vous trompez en toute bonne foi, c'étaient de diaboliques

« sécuristes » qui avaient revêtu des uniformes militaires. Dossier clos.

On est désolé, mais cette idyllique version ne tient pas la route. Elle est battue en brèche par trop d'indices, de récits, de déclarations parfois fort ambiguës. A commencer par celle du Premier ministre Petre Roman, le 7 janvier, lors de l'émission *Sept sur Sept* de TF1. Que dit le séduisant Petre Roman? « Il n'est pas prouvé que l'armée roumaine ait tiré lors des massacres de Timisoara. » Retournez la phrase, et vous avez une affirmation tout aussi intéressante : il n'est pas non plus prouvé que l'armée n'ait pas tiré.

J'ai parlé d'indices, de témoignages. Je ne ferai pas l'injure aux dirigeants roumains d'accorder un aveugle crédit à Ceausescu. Mais quelles raisons avait-il de mentir le 20 décembre, jour de son retour d'Iran, lorsqu'il reconnut pour la première fois que l'armée était intervenue le samedi et le dimanche (c'est-à-dire le 16 et le 17) « contre des groupes de hooligans qui ont attaqué les institutions d'État, du Parti, et même les unités militaires »?

Dans la population de Timisoara, les témoignages sont en tout cas nombreux, pour assurer que les militaires ont tiré sur les manifestants et que le bilan de 98 morts et 23 disparus aujourd'hui retenu ne saurait être mis au seul compte des « sécuristes ». Ces témoignages donnent du même coup quelque crédit aux affirmations des accusés du procès qui s'est ouvert le 2 mars à Timisoara, et dans lesquelles on aurait pu, sinon, être tenté de voir la seule volonté de se dédouaner à tout prix. Dès l'ouverture de leur procès, les 21 hauts responsables de la Securitate et de la Milice, qui comparaissent pour « complicité de génocide », ont en effet ouvertement mis en cause dans la répression l'institution militaire. Ce fut le cas notamment du principal accusé, le général Emil Macri, ancien chef du contre-espionnage, qui comparaissait en tenue rayée de bagnard et le crâne rasé. Le cas aussi d'un de ses coaccusés et ancien adjoint, le colonel Filip Teodorescu, qui a ouvertement rejeté la responsabilité de la répression sur l'armée, et tout particulièrement sur le général Ion Coman, chargé par Ceausescu de rétablir l'ordre dans la ville. Voici quelques extraits des déclarations du colonel devant ses juges : « A Timisoara, toutes les forces, que ce soit celles de la Securitate, de la police ou des gardes-frontières, aboutissent à Coman. J'ai compris, sans le voir toutefois, que ce sont les unités de l'armée qui ont tiré sur la foule. Les membres de la Securitate et les policiers étaient chargés, quant à eux, de la protection des édifices publics et stratégiques. »

Même son de cloche chez un autre « sécuriste », le lieutenant-colonel Gheorghe Atudoraie. C'est, selon lui, la hiérarchie militaire qui a donné l'ordre de tirer à Timisoara, « d'abord des coups de sommation, puis dans les jambes des manifestants ». On comprend l'intérêt avec lequel la population de la ville attend déjà l'ouverture d'un autre procès, bien plus important, qui devrait voir comparaître, à une date encore inconnue, deux gros poissons : les généraux Ion Coman, déjà cité, et Iulian Vlad, l'ancien patron de la Securitate.

Il existe également une condamnation de l'armée

roumaine, venue des stratèges soviétiques, et rapportée fin décembre par l'hebdomadaire *Argumenty i Facty*. On y note avec intérêt ce regret exprimé par le maréchal Sergueï Akhromeev, conseiller de Mikhaïl Gorbatchev pour les questions militaires : « Qui peut soutenir l'armée quand elle tire contre son peuple? »

Pour qui douterait encore de l'attitude complexe de l'armée au début des événements, et qu'elle ait pu tirer contre la population, avant son basculement, je rappellerai la série de limogeages annoncés fin décembre par la nouvelle équipe dirigeante de Bucarest. A peine dotée des pleins pouvoirs sur le pays, sous la houlette de Ion Iliescu, elle décide en effet d'épurer l'armée dans les plus hautes sphères, et d'expulser du conseil du Front de salut national le général Stefan Guse, remplacé à son poste de chef d'état-major par un général du cadre de réserve, Vasile Ionel. La mise à l'écart de Guse, pour « faute de haute gravité » (on n'en saura pas plus, circulez, y a rien à voir), surprend d'autant plus qu'il passait jusque-là pour l'un des artisans du retournement de l'armée en faveur des insurgés. Au total, dix généraux de réserve sont replacés dans le cadre d'active, comme s'il s'agissait de combler d'urgence des vides importants au sein d'une hiérarchie militaire divisée et de placer à tous les postes clés des hommes sûrs pour le nouveau régime.

Depuis, l'institution militaire n'a cessé de connaître des bouleversements. Le général Militaru a dû quitter le ministère de la Défense, sous la pression d'une contestation qui se fait de plus en plus vive chez les officiers, regroupés dans un « Comité pour la démocratisation de l'armée ». Très remuant, le Comité a déjà obtenu la dissolution, à compter du 1er mars, de la direction « Politique et Culture », chargée jusque-là d'avoir l'œil sur l'idéologie au sein de la grande muette de Roumanie.

Rappelons-nous enfin les propos pour le moins inquiétants, tenus par Iliescu dans une interview au journal *Le Monde,* le 27 février. Le numéro un roumain y évoquait ouvertement « le risque d'un coup d'État militaire » dans son pays, au cas où la situation politique sombrerait dans « le chaos et l'anarchie ».

Non, l'armée n'est pas claire, et je souhaite bien du plaisir à ceux qui voudront un jour, mission difficile, démêler dans le décompte des morts de la révolution ceux qui peuvent lui être imputés.

Une chose me paraît en tout cas assurée : la Securitate n'a pas été à la hauteur de la terreur qu'elle suscitait, ce qui nous plonge au cœur d'un problème de fond, celui déjà évoqué de son rôle exact dans les événements de décembre.

J'en suis convaincu, la direction de la Securitate, à qui l'on ne fera pas l'injure d'être mal informée, savait que les jours du Conducator étaient comptés. Point n'était besoin d'être sorcier, le turbulent domino roumain n'en avait plus pour longtemps, même si la réélection triomphale de Ceausescu en novembre, lors du dernier congrès du Parti, avait pu faire illusion. Il faut se méfier des triomphes trop écrasants quand ils vont à contre-courant de l'Histoire, ils sont avant-coureurs des pires défaites. Car il y avait Gorbatchev. Mettez-vous un instant à la place d'un dirigeant de la Securitate, vous voyez s'écrouler l'un après l'autre tous les régimes purs et durs de vos voisins, tous les godillots du Kremlin, jetés en quelques mois dans les poubelles de l'Histoire; vous voyez fleurir le multipartisme, la dissidence est adulée comme la voix d'une courageuse lucidité trop longtemps bâillonnée, elle prend la relève en Pologne, en Tchécoslovaquie. Au début, vous vous pincez pour être sûr que vous ne rêvez pas. Mais quand c'est chose vérifiée, si vous n'êtes pas un rétrograde débile, si votre avenir vous soucie encore un brin, vous le préparez en douceur. Vous avez tous les atouts pour cela, vous disposez d'un fantastique réseau d'indicateurs, pas un Roumain tant soit peu notable qui ne bouge sans que vous le sachiez illico.

Oui, la Securitate, du moins à haut niveau, savait que la relève était proche, elle s'y préparait, ménageait déjà les héritiers présomptifs pour la grande foire du trône.

Une fois de plus, ce cher M. Roman viendra à mon secours. Le 5 janvier, notre fringant Premier ministre, dans une interview au journal *Le Monde,* fait une sidérante révélation. La Securitate, confie-t-il, avait surpris et enregistré les premiers « contacts » entre le général Nicolae Militaru et le futur président du CFSN, Ion Iliescu. Précision notable, ces contacts avaient eu lieu plusieurs mois avant « l'insurrection populaire » dans un jardin public de Bucarest, où les deux hommes avaient choisi de se retrouver pour discuter de la situation dans le pays. Quelques jours plus tard, Militaru et Iliescu sont convoqués à la

Securitate, ce qui au passage en dit long sur la compétence de cette institution dans le domaine des écoutes. Que croyez-vous qu'il arriva? Si l'on s'en tient à l'image ténébreuse des « sécuristes », nos deux comploteurs en plein air eussent dû finir dans un cul-de-basse-fosse, après quelques mauvais traitements dans quelque petite « pièce du bas ». Que non, vous n'y êtes pas. Il ne leur arriva que des bricoles. Mais écoutez plutôt, c'est encore M. Roman qui parle : « Militaru, qui était à la retraite, sans commandement militaire, n'était pas très inquiétant pour le pouvoir; quant à M. Iliescu, il a eu quelques ennuis. »

« Quelques ennuis! » J'ai l'esprit peut-être mal tourné, mais moi je m'étonne. Et je me dis que la Securitate, cette pieuvre aux mille bras castagneurs, fut bonne fille, bien compréhensive à l'égard de MM. Iliescu et Militaru. C'est plus fort que moi, je me dis que, plusieurs mois avant décembre, elle ménageait déjà les éventuels chefs de file d'une relève. Je me dis qu'elle jouait un double jeu. Et dans la foulée, je poserai une question à Petre Roman. On dit que lors de la manifestation « de soutien » organisée par Ceausescu le 21 décembre – au passage, ce fut une monumentale erreur –, ce brillant professeur à l'École polytechnique de Bucarest se signala par son courage, en se joignant à tous ceux, des étudiants notamment, qui osèrent ce jour-là, pour la première fois en vingt-cinq ans de règne, siffler et conspuer le Conducator, le faisant grimacer de stupéfaction rageuse. La terre entière vit cette grimace.

N'est-il pas pour le moins bizarre que la Securitate, capable d'enregistrer des conversations dans un parc de Bucarest, et dont Petre Roman soulignait l'efficacité, n'ait pas tout mis en œuvre pour « verrouiller » ce jeudi 21 décembre, jour brûlant entre tous, une manifestation décisive pour un régime déjà bien ébranlé? Manifestation, qui plus est, retransmise en direct à la télévision et pour laquelle on ne pouvait se permettre le moindre couac. La Securitate avait les moyens d'un tel verrouillage, c'est évident. Une fois de plus, elle a fait preuve d'un déplorable laxisme, d'une confondante incompétence. Avouez que c'est curieux.

Comme est curieuse son inefficacité relative lors des combats, compte tenu de ses effectifs et de son armement. Je ne dis pas que la Securitate ne s'est pas battue, n'a pas réprimé les tout premiers jours les manifestations, n'a pas tué d'insurgés, que certaines unités n'ont pas tenté quelques coups de force; je ne dis pas ici que les snipers n'ont pas existé, qu'il n'y a pas eu de bavures sous le signe d'une froide cruauté. Ce que j'affirme, c'est que très vite, beaucoup d'observateurs l'ont noté sur place, on eut le sentiment d'un désengagement général. Comme si quelque « deal » avait été conclu à haut niveau. Les escarmouches qui ont perduré plusieurs jours à Bucarest et dans le pays n'étaient pas véritablement des combats. Au point qu'on pouvait se demander, comme je le fis le soir de Noël à Bucarest, et Ricardo Uztarroz deux jours avant : « Mais qui tire sur qui dans ces surréalistes fusillades? »

Il existe une explication officielle à ce rapide désengagement des « terroristes » : ils auraient été brutalement démobilisés par l'annonce de l'exécution de Ceausescu. C'est une explication peu satisfaisante, il faut y voir surtout la volonté de justifier le simulacre de procès qu'on fit au tyran.

Faisons le compte pour finir, sur la question du « rôle » Securitate :

– Elle n'arrête pas deux comploteurs qui vont devenir de futurs dirigeants du pays, et dont elle enregistre pourtant plusieurs mois avant la révolution les propos dans un parc de Bucarest.

– Elle n'encadre pas le 21 décembre une manifestation décisive pour Ceausescu et la laisse dégénérer en cinglant désaveu, retransmis en direct dans le pays, puis peu après sur toute la planète.

– Elle ne livre pas les combats sanglants que la population attendait en tremblant d'épouvante. Elle avait sans conteste les moyens du massacre, elle n'en eut ni la volonté ni les ordres. Félicitons-nous-en. La psychose une fois retombée, il faut faire une croix sur le génocide, en revenir, pour une page aussi convulsive de l'Histoire, à des bilans relativement « normaux » dans lesquels l'armée porte une part de responsabilité.

– Elle n'assure pas la fuite du couple Ceausescu, qui tourne à la minable équipée qu'on sait.

Reconnaissez que, mis bout à bout, tous ces morceaux du puzzle esquissent un dessin intéressant. Qu'il ne paraît pas exagéré de penser que la police secrète du Conducator, sentant souffler vers le Danube l'irrésistible vent de la perestroïka, ménageait ses arrières, et se préparait depuis belle lurette à retourner sa veste; ce qu'elle fit, le moment venu, aussi vite que Gérard Sety quand il change d'habits au théâtre.

Sa veste, la Securitate la retourna si bien à vrai dire qu'elle se trouve aujourd'hui en Roumanie au centre d'une polémique considérable, qui met ouvertement en cause les dirigeants du pays.

J'ai parlé de leur bienveillance à l'égard de la police politique de Ceausescu. Elle est très vite apparue comme une évidence. La thèse qui tout de suite a prévalu officiellement, et continue de prévaloir, veut que, dans leur écrasante majorité, les « sécuristes » soient des gens bien, les seuls moutons noirs étant les fameuses unités spéciales, chargées de la garde personnelle du dictateur et de son clan. C'est ce qu'exprimait le 2 janvier à Bucarest le tout nouveau chef d'état-major, Vasile Ionel, lorsqu'il disait : « On n'a pas le droit de considérer les troupes de la Securitate comme des terroristes, la majorité d'entre elles est dévouée au peuple. » Et le général ajoutait : « Le 22 décembre à Bucarest, lorsque Ceausescu a donné l'ordre de tirer sur la foule, certaines unités de la Securitate l'ont fait, mais d'autres se sont abstenues. »

Le message est clair, il faut dédouaner les « sécuristes », écrémer la lie, mais ne pas vider dans les toilettes l'essentiel du breuvage, qui reste un acceptable nectar. On avouera que c'est un peu fort de café, si l'on songe que cette police politique que le général Ionel nous présente comme « dévouée au peuple » n'a cessé de le mettre sur fiches et de le terroriser des années durant. On comprendra que ce message étonnant des dirigeants, hélas pour eux, soit mal perçu dans une grande part de l'opinion; au point que certains se sont rapidement demandé si la nouvelle direction roumaine n'aurait pas à cacher quelques inavouables secrets.

Il y en avait au moins un qui, lorsqu'il vint au grand jour, déclencha un petit séisme. Ce fut à la mi-janvier, lorsque le journal le plus populaire de l'actuelle Roumanie, *Romania libera,* demanda ex abrupto la démission de Dumitru Mazilu, le numéro deux du régime, rien moins, en l'accusant d'avoir été longtemps un officier de la Securitate. On pense tout de suite à une provocation. Mais non. Le 18 janvier, Silviu Brucan confirme la nouvelle, en s'empressant toutefois de saluer « le grand courage de Mazilu ces trois dernières années ». Laissons parler Silviu Brucan :

« J'ai connu Mazilu lorsqu'il était colonel de la Securitate et enseignait à son école. Je l'ai connu aussi lorsqu'il a prouvé un grand courage civique ces trois dernières années. Il faut tenir compte des deux éléments. En Roumanie, très peu de gens ont fait preuve du courage qu'il a démontré. »

L'intéressé, compte tenu de ses importantes fonctions, fut bien sûr sommé de s'expliquer dare-dare. Il le fit d'une façon quelque peu embarrassée : en reconnaissant qu'il avait bien été professeur de droit à l'école du ministère de l'Intérieur, mais en jurant ses grands dieux qu'il n'avait « jamais agi comme un élément actif ». Ces accusations, assura-t-il, provenaient des « dossiers de la Securitate contre lui et sa famille ».

Mais le séisme avait eu lieu. Sur une toile de fond politique bien étrange, qui mérite d'être rappelée, car elle jetait une ombre soudaine sur Dumitru Mazilu, soupçonné d'avoir tenté un coup de force personnel pour prendre la place d'Iliescu. Les faits remontent au 12 janvier. Ce jour-là, des manifestants se massent devant le siège du CFSN à Bucarest, et protestent contre l'abolition de la peine capitale dans le pays. Ils réclament à grands cris « la mort pour les terroristes ». Et voilà que, soudain, Mazilu se joint à eux, entonne les mêmes slogans, ce qui revient, on l'admettra, à critiquer ouvertement dans la rue ses amis du CFSN. De là à penser que le numéro deux rêvait secrètement de grimper d'un dernier cran dans la hiérarchie. L'accusation, portée par la presse, ne semblait pas tout à fait dénuée de fondement.

Lorsqu'il se mit à crier avec ceux qui demandaient la peine de mort pour les « terroristes », le plus étrange dans l'attitude de Dumitru Mazilu est qu'il opérait, ce faisant, une effarante volte-face. Ce fut lui en effet – il le révéla dans une interview au journal français *La Croix,* daté du 16 janvier – qui convainquit les autres responsables roumains d'abolir la peine de mort dans le pays. « Dans mon esprit, précisait-il, les derniers qui avaient à mourir sont morts : le couple présidentiel. Pour les autres, nous avons assez de moyens de les punir, sans recourir à cette sentence. »

Vous admettrez une fois de plus que tout cela est bien surprenant. Voici un ancien colonel de la Securitate qui dans un premier temps arrache la clémence en faveur de ses ex-collègues, ce qui paraît logique, puis tente ensuite de déstabiliser le pouvoir en place en réclamant précisément le contraire.

Mazilu a dû démissionner. Rien d'étonnant. Il l'a

fait le 26 janvier, en dénonçant les « pratiques staliniennes » et le « recours à des dénonciations basées sur les dossiers de la Securitate », avec en prime cet acte de foi révolutionnaire : « Je suis convaincu que ceux qui ont fait la révolution n'accepteront pas qu'elle soit confisquée par des gens qui n'ont rien donné d'eux-mêmes, je reste de tout cœur à leurs côtés; je reste aux côtés de ceux qui ont animé les idéaux de liberté, de démocratie et de dignité, qui ont animé la jeunesse du pays dans sa lutte contre la tyrannie. » Et comme si cela n'était pas assez clair, notre démissionnaire affirmera dans la foulée, mais cette fois le 5 février, dans une interview au quotidien néerlandais *Volkskrant :* « Certains membres du CFSN ont pour but de faire en sorte que l'ancien régime continue de fonctionner. » Et pour faire encore bonne mesure, Mazilu émet alors « les doutes les plus sérieux » sur le Premier ministre Petre Roman et Silviu Brucan : « Ces gens ont des convictions stalinistes sans nuance et veulent continuer de faire passer le vieux message sous couvert de formulations différentes. » C'est gentil pour ceux qui restent.

Retour à la Securitate, Mazilu se fait plus précis pour *Volkskrant :* « Elle a changé d'habit, mais continue de se battre pour l'ancien système, les mêmes personnes occupent toujours les mêmes places, très proches des postes importants. »

Il serait injuste, et Silviu Brucan ne s'est pas fait faute d'y insister, d'oublier que Mazilu, alors qu'il était rapporteur permanent de la Roumanie auprès des Nations unies, avait rédigé un rapport dénonçant les violations des Droits de l'homme dans son pays.

Ce fut pour l'avoir adressé clandestinement à cet organisme que ce haut fonctionnaire du régime Ceausescu fut limogé, à l'automne 1988, et placé en résidence surveillée. Ancien « sécuriste » touché par la grâce, Mazilu est un personnage en clair-obscur. C'est assez pour intriguer, inquiéter même.

Mettez-vous à la place du Roumain de base. On a beau lui donner l'assurance, et c'est ce que font les autorités, d'une épuration massive de la Securitate (officiellement dissoute et redéployée sous l'égide du ministère de la Défense, plus rassurant que l'Intérieur), d'un démantèlement des écoutes téléphoniques, il continue de frémir. Il se demande où sont passés les dizaines de milliers de « sécuristes » des deux branches, civile et militaire, les innombrables informateurs si longtemps à l'œuvre dans le pays. Le nouveau ministre de la Défense, le général Victor Stanculescu, a beau jurer la main sur le cœur que les éléments les moins fréquentables ont été écartés, ou « placés sous enquête judiciaire », l'affaire Mazilu a de quoi nourrir les pires soupçons. Si le numéro deux du régime fut membre longtemps de la Securitate, le Roumain de base peut supposer qu'au sein du pouvoir (Mazilu l'affirme d'ailleurs), et un peu partout dans le pays, des « sécuristes » sont toujours en place; au bal masqué de la démocratie roumaine, ils continueraient donc de mener la danse, le visage dissimulé sous un loup désormais présentable, celui du CFSN.

C'est ce dont est persuadée la plus célèbre dissidente de Roumanie, Doina Cornea, qui fit au sein du Front de salut national un passage éclair avant de démissionner. Le 5 mars, quand elle accorda cette interview au *Bien public* de Dijon, je parierais qu'elle avait oublié de prendre ses gants : « La Securitate n'a pas été entravée, la nomenklatura du parti communiste non plus. Les anciens dignitaires sont toujours aux commandes. A Cluj, le directeur de l'usine de chaussures était un sécuriste connu. Il a été chassé par les ouvriers. On le retrouve aujourd'hui à un poste de responsabilité dans un ministère. Cette situation profite tant aux anciens de la Securitate qu'au Front de salut national. Celui-ci déculpabilise, blanchit la Securitate, alors que tous ceux qui osent critiquer le Front sont discrédités partout. Il faut affaiblir le Front. La seule façon, c'est encore la rue, la manifestation légitime. Ce sont les jeunes qui le feront. Ils ont donné l'exemple, même s'il est évident que, depuis longtemps, la chute de Ceausescu était programmée. Je savais quant à moi qu'Iliescu était l'instrument de Gorbatchev. »

Doina Cornea est peut-être d'une suspicion maladive. Elle n'est pas la seule. Quelques semaines avant son « j'accuse », un groupe de 45 intellectuels roumains, dans une lettre ouverte publiée dans *Romania libera,* exigeait du pouvoir qu'il lève le secret qui continue d'entourer les activités de l'ancienne police politique. Les signataires – on y retrouve la poétesse Ana Blandiana, elle aussi démissionnaire du CFSN – demandaient un sondage d'opinion sur le thème : « Avez-vous peur de la Securitate, et pourquoi? » Question brûlante dans un pays où l'on estimait à quelque dix millions – l'agence Rompress, ancienne Agerpress, le rappelait récemment – le nombre de téléphones placés sur écoute. L'estimation paraît énorme, elle en dit long sur les craintes, les fantasmes.

Je n'attendrai pas le sondage pour tenter de répondre à la question. Cette peur, je l'ai sentie en Roumanie, aussi fort qu'on sent la sueur. Elle imprégnait tout. Et je crois qu'on peut la sentir aussi bien chez les dirigeants du pays que chez l'homme (pourquoi ne dit-on jamais la femme?) de la rue. Pour une raison toute simple : nul ne sait qui fut membre de la Securitate, mais chacun s'accorde sur une certitude, ses collaborateurs furent légion. C'est le grand malheur de ce pays. Je sais ce que cela peut comporter de douloureux, mais c'est un fait avéré, reconnu par tous : la Roumanie fut un pays de collabos, ils le furent de bon ou mauvais gré, mais ils le furent. On a cité les chiffres les plus invraisemblables, un Roumain sur dix, un sur trois, qui le saura jamais? Ce qui est sûr, c'est qu'il y en eut tant et plus, et que personne, j'en mets ma main qui écrit à couper, ne souhaite vraiment le dévoilement des dossiers de la Securitate. C'est cela qui fait sa force, conduit les dirigeants à pactiser avec elle. Ils l'ont dit immédiatement et redit depuis, en mettant en avant l'humanisme et le souci de pardon : « Il n'y aura pas dans ce pays de chasse aux sorcières. » Je les crois volontiers, mais la vraie raison est qu'il ne peut y en avoir car il y aurait trop de sorcières à chasser. Jusque dans les couloirs du pouvoir. Vous avez vu pour Mazilu.

Et c'est cela, cette crainte, cette compromission, qui furent la plus grande force du tyran, sa plus grande oppression aussi : il put contraindre ainsi tout un pays à rester à genoux. Les uns écoutaient, les autres craignaient de l'être. Vous le savez bien, les vrais dissidents se comptèrent sur les doigts de la main. Tous les autres jouèrent le jeu peu ou prou, l'exemple en fut donné lors de la mise en place des nouvelles structures du pouvoir.

Nous ne connaissions pratiquement aucune tête de ce tout neuf trombinoscope, mais quand nous commençâmes de vérifier la composition du CFSN, ce fut la stupéfaction : tous ou presque se disaient viscéralement contre le tyran, mais tous étaient communistes, tous le furent jusqu'à la chute du régime, à une pincée d'exceptions. Iliescu, Mazilu, Brucan furent communistes jusqu'au bout. Et la même chose vaut pour l'élite intellectuelle roumaine : poètes, écrivains, artistes, la majorité d'entre eux appartenaient au Parti. On avait ce paradoxe étonnant de communistes qui crachaient sur le parti communiste, et le disaient disqualifié à tout jamais, mais qui avaient encore leur carte dans la poche. Si ce parti était disqualifié, nous demandions-nous, comment des gens qui en restèrent membres jusqu'à la fin, jusqu'à la débâcle, et donc totalement mouillés et compromis avec lui, pouvaient-ils se sentir qualifiés pour prendre la relève? Apparemment la contradiction ne gênait pas trop.

Je me souviens d'une conférence de presse donnée dans le grand salon de l'Intercontinental le 5 janvier par un certain Domokos Gheza, président de l'Union démocratique hongroise et membre du CFSN. Ce quinquagénaire élégant, pourvu d'une belle crinière argentée, comme on dirait dans les romans à deux sous, nous expliqua que sa communauté réclamait que lui soient enfin dévolus tous les droits juridiques et culturels. Ce fut chose faite le soir même. Il accabla à juste titre le régime Ceausescu, sa politique d'assimilation forcée, sa volonté forcenée de détruire l'identité hongroise. A la fin de la conférence, je posai une question à son adjoint, qui parlait un impeccable français. Je lui demandai si Domokos Gheza, cet impitoyable contempteur de la tyrannie, était communiste, et s'il l'était resté jusqu'au 22 décembre. Je fus jugé insolent. « Je ne comprends vraiment pas, dit-il, l'importance que vous accordez à cette question, elle revient sans cesse sur vos lèvres, à vous, journalistes de l'Ouest. » Mais il finit par le dire. Oui, Gheza était communiste, avec un poste important dans l'encadrement; il n'avait jamais démissionné, même quand le chef du Parti avait sombré dans son « délire mégalomaniaque ». « Moi aussi je le suis, ajouta l'adjoint de Gheza en se jetant à l'eau, mais vous savez, ici, être membre du Parti, ce n'était pas ce que vous semblez croire, cela ne voulait pas dire qu'on était d'accord, c'était obligatoire, comme chez vous de passer le permis de conduire. »

Je ne suis pas près d'oublier la formule. Elle est jolie. Elle résume ce qu'on me déclara mille fois par la suite : en Roumanie, quiconque voulait réussir à faire entendre sa voix, en d'autres termes désirait un tant soit peu réussir, être reconnu, devait adhérer au Parti. Ou partir en exil exercer ses talents. Cela valait pour l'ingénieur, le professeur, l'écrivain, le journaliste, le sportif. Convenez que c'est étonnant, qu'il y a bien là une spécificité nationale qu'on ne retrouve pas tout à fait ailleurs, je veux dire dans les autres pays de l'Est.

Car c'est cela le grand malaise roumain : la collaboration. Il fut exprimé ouvertement par quelques-uns. Traian Florea par exemple, qui tint le 26 décembre les propos suivants en annonçant la création à Timisoara d'un « Syndicat de la fraternité des ouvriers et des paysans » : « La principale préoccupation de l'avenir est de changer la mentalité des gens, pervertie par l'ancien régime, car le régime Ceausescu avait perverti l'esprit des hommes et les consciences. »

Consciences « perverties ». Elles le furent dans toutes les sphères de la vie sociale, et l'Église ne fut pas épargnée, qui de l'avis général collabora honteusement, et jusque dans les rangs de laquelle se recrutèrent des agents de la Securitate. A la mi-janvier, lors du premier synode de l'Église orthodoxe roumaine, qui fut celui de la remise des pendules à l'heure, le patriarche Teoctist fut contraint de présenter sa démission. Ce fut un coup de pied au culte bien mérité, bon débarras.

Et ce sont ces consciences « perverties » qui furent le plus grand crime de Ceausescu et de la Securitate; ce sont elles qui expliquent que le tyran et ses sbires n'eurent finalement pas besoin de recourir au crime, sauf exceptions, pas plus notables qu'ailleurs. On a parlé des crimes de Ceausescu, donc de la Securitate. Mais où sont-ils, je parle des crimes de sang? Je vous mets au défi, preuve à l'appui, de me fournir une liste imposante de dissidents assassinés. C'est possible en URSS, où par milliers des opposants, y compris célèbres, disparurent dans la nuit des goulags. Pas en Roumanie. Les dissidents que nous connaissons tous, Doina Cornea, Dan Petrescu, connurent les pires tracasseries, ils ne furent pas liquidés. La résidence surveillée semblait suffire. En vingt-cinq ans de règne, vous pourrez bien sûr aligner des cadavres, mais pour quel pays totalitaire ne le pourrait-on pas? Intéressons-nous donc à la Stasi, cette Securitate des Allemands de l'Est, et comparons.

Non, le régime de Ceausescu, tant pis pour ceux que cela fera bondir, ne fut pas plus sanglant que tant d'autres de ses voisins, il n'en eut pas besoin; il se contenta de mettre un maximum de Roumains sur fiches et sur écoute, en distribuant allégrement les tabassages – on n'oubliera pas de sitôt la tête au carré du journaliste français Bernard Poulet, qui s'était montré trop curieux – et de faire ainsi régner une terreur préventive.

Parlons fiches. Les Roumains étaient bel et bien sous le contrôle d'un service géant des RG. Nicolas Miletitch, de l'AFP, se trouvait fin décembre à Sibiu, l'un des deux grands centres de la Securitate en province, avec Brasov, lorsque la population mit la main sur des milliers de fiches établies sur les habitants de cette ville de 200 000 habitants. Nicolas Miletitch a vu ces fiches, il en a lu des centaines. Elles sont de petit format, manuscrites, et chacune mentionne brièvement les études suivies, les antécédents politiques (en particulier, l'adhésion éventuelle à quelque parti d'avant-guerre), l'appartenance à une minorité nationale (allemande, hongroise, serbe).

Chaque fiche offre un résumé du dossier complet, dont la référence est indiquée par un numéro de code, et porte de nombreuses indications techniques : numéro d'identification de l'informateur, nom, grade et signature de l'officier chargé du dossier. Certains habitants particulièrement surveillés avaient droit à six dossiers différents : filature, lieu de travail, domicile, voyage à l'intérieur du pays..., dont seuls les numéros de référence étaient notés. Je vous offre quelques exemples, que citait le journaliste de l'AFP :

Sofia R. (le nom figure bien sûr en toutes lettres). Née en 1937, cette ouvrière, appartenant à la minorité allemande et n'adhérant pas au Parti, était placée sous surveillance. Le motif : « Agitation hostile, fait partie de l'organisation illégale Bruderschaft. » L'officier, un certain Andrei Nagy, a marqué au crayon noir dans la marge : « Peu important, voir dossier collectif. »

Nicolae C. (non, ce n'est pas celui auquel vous pensez). « Est en relation avec Dan M., Roumain vivant en RFA, qui lui a annoncé la visite prochaine à Sibiu de Hans H. » Le capitaine Ion Ungureanu a reçu cette information du 9e département du ministère de l'Intérieur à Bucarest. Et le capitaine écrit ceci : « Attendre le visiteur. Avertir R.A. » Sans doute l'informateur principal du dossier.

Une petite dernière, pour finir. Parashiva C., née en 1952 : « Est en relation avec Brigitte F., et a tenu des propos critiques sur l'approvisionnement alimentaire en Roumanie. »

Oui, c'est ainsi, pour l'essentiel, que fonctionna le système. Le sang ne coula pas à flots, c'était inutile.

Lisez donc *Horizons rouges* du général Ion Pacepa, qui fut pendant vingt ans le responsable des services secrets roumains (DIE), avant de faire défection en 1978 et de s'enfuir aux États-Unis. Il écrit ceci, à la page 125 : « Ceausescu peut être très violent quand il en veut à quelqu'un. Peu après son arrivée au pouvoir, il dut faire face une première fois aux critiques publiques lancées par un émigré roumain. Sa réaction immédiate fut : Faites-le tuer! L'homme en question, Gheorghe Zapartan, un prêtre exilé en Allemagne, avait dénoncé le culte de la personnalité de Ceausescu, dans des discours publics et des sermons. Il mourut bientôt dans un " accident " de voiture. Peu après, le Premier ministre d'alors, Ion Gheorghe Maurer, spécialiste du droit international, demanda à être reçu par Ceausescu.

– Nick, lui dit-il, en tant que guide suprême de la Roumanie, vous pouvez faire tout ce que vous voulez, que ce soit bien ou mal. A une exception près. Ne donnez jamais l'ordre de tuer. C'est un assassinat au premier degré. Peu importe que ce soit un roi ou un mendiant qui l'ordonne.

Ceausescu avait bien reçu le message. Depuis lors, il préférait battre ses ennemis jusqu'à ce qu'ils ressemblent à des morts-vivants. Pourtant, il lui arrivait encore d'oublier le conseil de Maurer. »

Il n'y a pas de sérieuses raisons de douter du témoignage de Ion Pacepa, qui pendant plus de trois cents pages descend en flammes le tyran et son entourage.

Vous voulez une dernière preuve? Elle se trouve dans les minutes de la réunion du dernier Comité politique exécutif (CPE), le dimanche 17 décembre à Bucarest; Jean-Paul Mari en a publié de larges extraits dans *Le Nouvel Observateur* à la mi-janvier. C'est le soir. Il y a là, autour du « vieux » et de sa femme, tout le gratin du pouvoir. Postelnicu, le général Milea, le général Vlad, et le camarade Paul Niculescu, qui faillit plus tard s'en sortir brillamment puisqu'il fut ensuite bombardé secrétaire d'État des coopératives dans le gouvernement du Front de salut national avant d'être arrêté à la fin février. Tous se prennent une engueulade monstre et n'en mènent pas large. Le génie des Carpates, hors de lui, leur demande de s'expliquer sur le lamentable dérapage pour le pouvoir de la première manifestation de Timisoara, la veille, samedi 16 décembre. Aussi bien les forces du ministère de la Défense que celles du ministère de l'Intérieur, tonne-t-il, « ont eu une attitude défaitiste, capitularde (...) Les unités devaient se trouver au centre de la ville et se montrer. Et c'est moi en personne qui ai donné cet ordre et vous n'avez fait qu'une simple promenade ». Tous les pontes sont atterrés, reconnaissent leur erreur, la justifient en disant qu'ils pensaient être confrontés à une affaire de petite ampleur, promettent de suivre désormais rigoureusement les consignes du chef charismatique. Mais quelles sont ces consignes? Démonstration de force imposante, et si nécessaire tirer après sommations, mais dans les jambes. Dans les jambes, vous avez bien lu. Il le dit à deux reprises. D'abord à Milea : « Que font tes officiers, Milea? Pourquoi n'ont-ils pas tiré? Ils devaient tirer! Qu'ils les foutent par terre! D'abord qu'ils fassent les sommations, et puis qu'ils tirent dans les jambes. » Il le redit plus tard, à l'adresse générale : « Les soldats ont lutté avec ce qu'ils avaient, des bâtons! Ils ont réussi à tenir tête. Si l'un d'eux avait tiré, les autres (les manifestants) se seraient enfuis comme des cailles qui s'envolent. Vous ne voyez pas où on en est arrivé? Je vous ai dit : tirez en l'air, faites des sommations, et si ça ne marche pas, tirez dans les jambes. » Elena Ceausescu intervient alors, pour lancer : « Qu'on tire sur eux! Qu'ils tombent, qu'on les ramasse et qu'on les mette en prison. C'est pas ça qu'on vous avait dit? Que personne ne s'échappe! »

Dialogue passionnant. Ce « dans les jambes » confirme bien que Ceausescu ne fut pas un maniaque du crime et de la tuerie. Sa méthode fut bien plus coercitive que criminelle. Un quart de siècle durant, la Securitate n'eut pas besoin de tuer à la chaîne. La terreur préventive et la collaboration eurent raison de la résistance des Roumains.

C'est pourquoi les premiers jours de la révolution me laissent encore une impression si pénible. Ce fut le temps des retournements de veste, et des actes d'allégeance empressés au nouveau pouvoir. Ils déferlèrent à un rythme tel que la radio, la télévision et les journaux durent appeler à y mettre un terme, avec des mots parfois cruels. La palme de la dureté revient à *Romania libera,* qui écrivait ceci début janvier : « Au nom des victimes de la révolution, le journal invite tous ceux dont l'apparition physique rappelle le cauchemar de l'ancien régime à ne plus se montrer, à faire un examen de conscience et à réaliser combien ils ont été coupables. Ces jours derniers, nous avons vu à la télévision Olga Delia Mateescu, actrice du Théâtre national de Bucarest, le metteur en scène Serguei Nicolaescu et la journaliste de télévision Carmen Dumitrescu. Cessez de vous montrer devant le pays, même pour présenter des excuses, regardez-vous devant la glace et, au fond de votre âme, jugez-vous. »

Et puisque nous en sommes au triste sujet des retournements de veste des collabos les plus marqués, je ne résiste pas au plaisir un peu sadique de vous offrir quelques vers du poète Adrian Paunescu, qui fut longtemps un chantre du régime, avant d'être mis à l'écart et de se découvrir une fibre critique au début des années 80. Dans sa première période, Paunescu écrivit ces vers immortels sur le Conducator :

« Il est à la fois le fils et le père du pays
Son nom, je voulais le taire, de peur de l'amoindrir
en parlant de lui, mais la page de l'Histoire
me le demande, nous tous nous devons aimer
celui qui représente la victoire de la bataille
pour l'homme. »

C'est le même Paunescu qui publiait le 23 décembre dernier ces vers tout aussi éternels sur l'idole déchue :

« Regardez-le, visage inhumain aux mâchoires
paléolithiques, l'analphabète qui nous enseigne
en zézayant comme un serpent perfide. »

En dépit de sa conversion tardive, notre Homère des Carpates (à moins que ce ne soit cet Omar des carpettes) l'a échappé belle après la révolution. Reconnu dans les rues de Bucarest, où ce barde inspiré mais imprudent avait risqué de s'aventurer, il ne dut d'éviter un lynchage qu'en se réfugiant auprès de soldats en faction devant une ambassade. La populace est ainsi, elle n'aime pas la poésie.

Securitate, collaboration. Je finirai pourtant par une note d'espoir ce chapitre sur un aussi sombre sujet. Car il reste la jeunesse. La « perversion » des esprits dénoncée par Traian Florea n'avait pas encore joué sur ceux de la jeunesse. Les pères, les mères ont été brisés, pas les fils ni les filles. On a pu le voir très vite à Bucarest, et partout dans le pays. Quand il fallut combattre, les jeunes furent les premiers à se mobiliser, ils payèrent le prix le plus élevé. Il suffisait d'aller au cimetière, de lire les dates de naissance et de mort marquées sur les tombes fraîches, au-dessous des noms. Je vous en dis un, retrouvé au hasard d'une dépêche : Robert Bacalu, 1963-1989.

La dictature une fois renversée, les jeunes furent aussi les premiers à faire entrer le pouvoir dans la zone de turbulence. Ils n'avaient aucune formation politique, aucune réelle structure de résistance clandestine, mais ils comprirent vite les dangers de voir confisquer la révolution par une poignée d'anciens apparatchiks communistes recyclés dans la démocratie non populaire.

Ce furent eux encore qui descendirent dans la rue pour protester contre le maintien, au sein des instances dirigeantes, nationales et régionales, de personnalités trop marquées par l'ancien régime. La technique était simple comme bonjour, elle a fait ses preuves : partout, à la télé, dans les grands organismes d'État, dans les ministères, les administrations, on destituait les directeurs, mais on les remplaçait par leurs adjoints immédiats, tout aussi mouillés qu'eux avec la dictature mais offrant l'appréciable avantage d'être moins connus de l'opinion. C'est ainsi qu'à l'agence officielle Agerpress, qui s'empressa de changer en Rompress un nom souillé par des parents indignes, on limogea le P-DG, pour le remplacer par un des secrétaires généraux de cette illustre maison qui n'avait jamais pratiqué que la désinformation.

Eh oui, les jeunes n'avaient pas été longs à s'apercevoir que ce pouvoir tout nouveau tout beau de Bucarest avait aussitôt calqué ses structures sur celles, qu'il avait maintenues, du centralisme bureaucratique du régime défunt. Il avait chaussé les vieilles bottes rouges en arguant qu'il fallait bien dans un premier temps continuer de marcher, on verrait bien après les élections. Mais la jeunesse se posa tout de suite la bonne question : les pieds si longtemps à la botte allaient-ils vraiment déformer celle-ci, ou serait-ce l'inverse qui allait se produire? Elle ne prit pas le risque de laisser courir cette intéressante expérience de podologie politique.

On connaît l'évolution rapide de la situation, et le partage du pouvoir concédé par les dirigeants du CFSN, contraints d'accepter à la tête du pays une coalition plus large comprenant désormais les partis d'opposition très vite apparus, dans l'attente des élections.

Rien n'aurait été possible sans la jeunesse. Rien ne le sera plus sans elle. Elle est la seule à n'avoir pas été « pervertie ». La Securitate n'avait pas eu le temps.

Une amie journaliste m'a raconté cette anecdote. A son arrivée à l'aéroport d'Otopeni de Bucarest, sur le chemin du retour à Paris, le chauffeur de taxi qui vient de la conduire, et l'aide à porter ses bagages dans le hall, attire son attention sur un personnage. « Ce type avec un imper, il est en poste depuis des années à l'aéroport, je le connais, c'est un agent de la Securitate. Vous voyez, ils sont toujours là. »

La jeunesse devra se méfier. Mais pas seulement du type à l'imper. Car si j'étais roumain, je me demanderais qui, de lui ou du chauffeur de taxi, avait le grade le plus élevé dans les organigrammes de la Securitate.

Deuxième partie

LES MAÎTRES DU MENSONGE

CHAPITRE 6

L'orchestre jadis rouge

Je viens de dresser une longue liste de mensonges. Comme je ne suis pas plus sot que M. de La Palice, j'oserai cette déduction : s'il y eut des mensonges, il y eut forcément un menteur, ou plusieurs.

Je connais les menteurs, je sais d'où les mensonges sont venus. Il suffisait de remonter à la source de toutes les informations qui mirent l'Occident au bord de la crise de nerfs. C'est un travail ingrat de documentation, mais on est largement payé de retour. Je l'ai fait. Et je l'affirme ici : à d'infimes exceptions près, tous les grands mensonges fondateurs sont venus des pays de l'Est; ce sont eux les maîtres du mensonge, eux qui les premiers ont à chaque fois jeté en pâture à l'opinion internationale les bilans les plus fous, les chiffres du prétendu génocide, les hallucinantes révélations sur les charniers de Timisoara ou la présence de mercenaires étrangers. Et j'en passe, vous allez le constater.

Oui, ce fut un incroyable matraquage, et pour mieux vous en convaincre, je vous propose de vous laisser vous-mêmes matraquer en quelques pages de révolutionnaire chronologie. Rien de tel que l'expérience pour se faire une idée. Vous verrez comme moi se dessiner la silhouette d'un chef d'orchestre, un premier violon, un violon du rang. La partition, vous l'allez vérifier à l'instant, commence par un « à l'ogre *ma non troppo* », mais enchaîne très vite avec un « à l'ogre *vivace* », avant d'exploser carrément dans un « à l'ogre *furioso* ». En avant la musique.

17 décembre. C'est un dimanche. La première nouvelle d'incidents dans la ville roumaine de Timisoara tombe à la mi-journée de Budapest, capitale de la Hongrie pour les nuls en géographie. On apprend qu'une « grande manifestation » s'est déroulée la veille, samedi 16 décembre, pour empêcher la « déportation » (je reviendrai sur ce mot) du pasteur protestant Lazlo Toekes, ardent défenseur de la minorité hongroise de Transylvanie. La source de cette première « info » est la télévision hongroise, elle cite le témoignage d'une personne revenue de Roumanie, mais qui préfère garder l'anonymat. Le même jour, la télévision rapporte le témoignage de voyageurs hongrois de retour de Roumanie : les manifestations, qui réunissaient plusieurs milliers de personnes, ont également touché la ville d'Arad. L'agence hongroise MTI, citant un voyageur tchécoslovaque, affirme que des coups de feu ont été entendus à Timisoara.

Lundi 18 décembre. Ceausescu est arrivé à Téhéran. La radio de Budapest, citant plusieurs voyageurs hongrois, annonce que Timisoara est encerclée par des unités de l'armée roumaine, à la suite de « violents heurts » samedi entre la police et 5 000 manifestants qui protestaient contre l'arrestation du pasteur Toekes.

Le pasteur a été battu, ainsi que sa femme pourtant enceinte, et emmené vers une destination inconnue. Toujours de Budapest, sont confirmées des manifestations dans la ville d'Arad, proche de la frontière hongroise. Le Premier ministre hongrois, Miklos Nemeth, assurant disposer d'indications en provenance de Roumanie, fait état d'« actions de protestation à Timisoara et dans d'autres villes ». Il existe des « signes », dit-il, que « la Sécurité et les forces armées ont été placées en état d'alerte renforcée ». Et le Premier ministre ajoute : « La maison commune européenne exige qu'il n'y ait pas un système anachronique et opposé à l'évolution. » A Budapest et dans neuf autres villes hongroises, des manifestants se rassemblent ce jour-là pour protester contre le régime Ceausescu. Le Parlement hongrois adopte à une écrasante majorité une résolution condamnant la violation des Droits de l'homme par la dictature roumaine.

Mardi 19 décembre. Première mention par la radio hongroise d'une brutale répression lors des manifestations. La radio cite le témoignage d'un Hongrois dont des parents sont médecins à Timisoara, et qui fait état de 300 à 400 morts. Elle parle aussi de véritable « chasse à l'homme », précise que les soldats pénétraient dans chaque maison pour trouver des manifestants, procédant à des exécutions sommaires. La radio diffuse également le témoignage d'un voyageur hongrois tout juste rentré de Roumanie, il parle de « 250 morts dans une seule clinique de la ville ». Dans la foulée, le vice-ministre hongrois des Affaires étrangères, Itsvan Osze, confirme qu'« il y a eu des morts lors des manifestations du week-end », sans préciser leur nombre. Selon des sources « diplomatiques hongroises » à Budapest, tous les médecins de Timisoara ont été réquisitionnés. Le même jour, la radio hongroise annonce que les villes de Timisoara, Oradea et Cluj sont sous le contrôle des chars de l'armée. La télévision, « citant des témoins oculaires », parle de « centaines de morts ».

L'agence yougoslave Tanjug affirme que de nouveaux incidents ont éclaté mardi matin à Timisoara et à Arad, où des coups de feu ont été tirés. A Bucarest, ajoute-t-elle, les étudiants se sont solidarisés avec les manifestants de Timisoara, et les rues sont quadrillées par des patrouilles de militaires armés.

L'agence Tass confirme qu'« une tension inhabituelle » règne dans la capitale. De Bruxelles où il se trouve, Chevardnadze, chef de la diplomatie soviétique, désapprouve la répression en Roumanie, « s'il y a eu effectivement des morts ». A Moscou, la télévision soviétique indique pour la première fois que des manifestants auraient été tués en Roumanie. Elle se réfugie derrière les informations en provenance de Bulgarie, Yougoslavie, Hongrie et RDA.

Mercredi 20 décembre. Retour de Ceausescu de son voyage en Iran. Cette fois, c'est l'agence est-allemande ADN qui frappe. Elle annonce que 3 000 à 4 000 personnes ont été tuées à Timisoara. La source? Des Roumains vivant en RDA et qui auraient téléphoné à des parents dans leur pays. Les morts, ajoute ADN, ont été transportés en camion à la périphérie de la ville, puis enterrés dans des fosses communes. C'est la première mention des charniers.

Sur la foi des mêmes témoignages, ADN fait mention d'actes de sauvagerie. Les soldats auraient tiré sur les enfants et des femmes, « y compris des femmes enceintes ». Le centre de Timisoara serait complètement détruit. Des soulèvements, affirme l'agence, ont également lieu à Oradea, Cluj, Brasov, Sibiu, Buzau, Bistriza, Curtici, Constanza et d'« autres villes ». Dans certains cas, les militaires auraient même tiré sur les foules depuis des hélicoptères.

Ce mercredi, la presse yougoslave se déchaîne et regorge de détails horrifiques sur la répression : enfants écrasés par les blindés, manifestants achevés à coups de baïonnette, tirs de mitraillettes contre les badauds massés aux balcons. Le quotidien *Vecernje Novosti* avance un bilan de 2 500 morts et de 1 000 blessés. L'agence Tanjug écrit que Timisoara est en ruine, sur la foi de récits de voyageurs étrangers, parle de combats au corps à corps. Les manifestants arrêtés au centre de la ville ont été battus puis poignardés à la baïonnette, avant d'être jetés dans des fourgons les emportant vers une destination inconnue. Tanjug annonce encore que 50 000 personnes ont manifesté mercredi après-midi à Timisoara.

Et le quotidien yougoslave *Ekspres Politika* lâche un scoop : le pasteur Toekes a sans doute été tué en prison. Le quotidien affirme tenir son information d'un message chiffré d'un journaliste roumain, lequel se base lui-même sur le témoignage d'un policier ayant vérifié l'identité de l'ecclésiastique dans cette prison. Ce policier si bien informé a d'autre part indiqué au journaliste roumain spécialiste des messages chiffrés que 2 000 personnes ont été tuées à Timisoara.

Retour à Budapest. La radio hongroise diffuse un enregistrement sonore de la répression des émeutes de Timisoara. Pendant deux minutes, on entend les rafales de mitraillettes, les crépitements des coups de fusils. Des gens hurlent de douleur, pleurent, crient. Au Parlement hongrois, sur lequel flotte un drapeau noir en signe de deuil, les hauts responsables tiennent une réunion spéciale sur la situation en Roumanie. Imre Pozsgay, ministre d'État, tient à préciser que l'on assiste à « une insurrection populaire, dirigée contre le régime Ceausescu, et pas seulement au soulèvement de la minorité hongroise de Transylvanie ». L'organe des syndicats, *Nepszava,* publie des témoignages sur Timisoara : « Des morts sont allongés dans la rue. Les parents ne sont pas autorisés à s'en approcher. Parfois, des camions passent pour ramasser les corps et les transporter dans une fosse commune. »

Une bonne nouvelle toutefois. Le pasteur protestant Geza Nemeth dément à l'AFP les informations du journal yougoslave *Ekspres Politika :* le père Lazlo Toekes, affirme-t-il, est vivant et se trouve dans le village de Mineu, où son évêque avait voulu le transférer il y a un an.

A Moscou, un député moldave, Mikhai Munteanu, assure aux journalistes que ce mercredi matin des meetings de protestation se déroulaient « dans presque toutes les villes de Roumanie ».

Eugène Ionesco, académicien français d'origine roumaine, fait de fracassantes révélations à la radio israélienne : « Selon les témoignages de Hongrois et de Yougoslaves, les soldats roumains ont refusé de tirer sur la foule en Roumanie, et ce sont des soldats nord-coréens qui ont ouvert le feu. » Mercenaires, nous voici.

Jeudi 21 décembre. C'est le jour historique de la « manifestation de soutien » organisée par Ceausescu, et qui tourne à la catastrophe. Il est hué pour la première fois en un quart de siècle. Les télévisions du monde entier diffusent les images où grimace le tyran stupéfait.

Les manifestations et la répression qui s'ensuit donnent lieu à une couverture pour laquelle les médias des pays de l'Est ont l'exclusivité. Cette fois, le régime chancelle, il suffit d'en rendre compte heure par heure. Ce sera fait, avec quelques grossissements alarmistes, sur une toile de fond d'horreur déjà brossée. On l'a peaufinée jusqu'au bout. La presse yougoslave est revenue jeudi sur ce sujet de prédilection. A l'en croire, les « unités spéciales » font régner la terreur à Timisoara et des exécutions sommaires ont lieu jusque dans les hôpitaux. *Ekspres Politika* réserve une page entière au récit d'une voyageuse arrivée la veille. Dans un hôpital de la ville, dit-elle, les personnes blessées par balles ont été achevées dans leur lit par les médecins, ou condamnées à mort par des tribunaux d'exception. Les cadavres, ramassés dans les hôpitaux, sont entassés dans des camions à ordures et acheminés vers des dépôts militaires à la périphérie de la ville, où l'on creuse d'immenses fosses communes.

A Budapest, la radio et la télévision annoncent l'exécution à Arad de plusieurs jeunes gens, abattus contre un mur par les forces de l'ordre. Des soldats ont tiré à vue contre un supermarché de la ville. La télévision diffuse dans la soirée un appel de l'ancien roi Michel de Roumanie, demandant à l'armée de son pays de refuser de tirer sur le peuple : « L'armée doit être du côté de son peuple et non du côté des dirigeants. »

Dans la soirée, alors que des combats se poursuivent dans la capitale, un porte-parole du ministère hongrois de la Défense, Gyoergy Keleti, déclare à la radio que « la direction roumaine et celle de l'armée se désintègrent ». Il affirme aussi que les forces de l'ordre utilisées contre les manifestants de Bucarest avaient revêtu des uniformes de soldats. (Ce sera l'une des accusations du procès Ceausescu.)

A Moscou, Mikhaïl Gorbatchev annonce la convocation de l'ambassadeur de Roumanie au ministère soviétique des Affaires étrangères.

Vendredi 22 décembre. C'est le jour de la fuite du tyran, sa chute sera annoncée à la population par le poète roumain Mircea Dinescu.

Grand déchaînement de l'intox. L'agence ADN annonce que la répression des émeutes de Timisoara a fait 4 600 morts. 1 860 personnes ont été blessées, 13 000 autres arrêtées, et 7 000 condamnations à mort prononcées. L'agence est-allemande se réfère à des témoignages de citoyens roumains travaillant en RDA. Elle affirme, sur la foi des mêmes sources, qu'un comité d'ouvriers s'est constitué dans la ville et demande la démission immédiate de Ceausescu et des élections libres; faute de quoi il menace de faire sauter plusieurs entreprises qu'il occupe. Dans la ville d'Arad, ajoute ADN, des enfants de manifestants ont été enlevés des écoles et exécutés.

Et voici qu'arrive le charnier. La primeur en revient à la télévision hongroise. Elle annonce en début de soirée qu'une fosse commune contenant 4 630 cadavres a été retrouvée à Timisoara. Source : « un témoin hongrois ». La télévision évoque aussi la répression en cours à Bucarest, où « plusieurs centaines de morts gisent sur les pavés du centre-ville ». Radio-Budapest, qui se réfère à des sources des services secrets ouest-allemands, croit savoir que Ceausescu s'apprêterait à quitter le pays par avion, peut-être pour la Chine.

A Belgrade, la télévision diffuse les premières images des corps « mutilés et torturés », retirés des charniers dans la journée, avec ce commentaire d'un citoyen roumain : « C'est l'œuvre de la Securitate. » Radio-Belgrade annonce que Ceausescu est en fuite, et que l'armée et les manifestants ont fraternisé à Bucarest et dans d'autres villes du pays. Tanjug estime à 5 000 le nombre des morts à Timisoara.

Moscou : Mikhaïl Gorbatchev fait adopter aux députés un texte soutenant « la juste cause » du peuple roumain.

Samedi 23 décembre. L'inflation des cadavres s'accélère. Tanjug, encore elle, passe d'un coup de 5 000 morts à 12 000 à Timisoara. Elle cite à l'appui de son bilan « des sources du Comité de salut national » qui contrôle désormais la « ville martyre ». Un bilan remarquablement détaillé : 4 632 personnes ont été tuées dans des affrontements directs avec les forces du régime Ceausescu, soit par balles, soit à la baïonnette, et 1 282 autres blessées. Les forces de l'ordre ont arrêté 13 200 personnes, dont 7 614 ont été immédiatement passées par les armes. Faites le compte : 4 632 tués et 7 614 exécutés, vous avez 12 246 cadavres. L'agence yougoslave donne aussi des précisions sur les combats : des partisans de Ceausescu ont attaqué des hôpitaux remplis de blessés. Ils ont tenté de saboter le réacteur nucléaire de Ploiesti (à 60 km au nord de Bucarest) et des centrales assurant les relais de télévision.

Et voici l'agence soviétique Tass. Elle reste nettement à la traîne, et n'ose pas aller au-delà de 5 000 morts dans son estimation des morts de Timisoara. Mais elle se rattrape en apportant une précision inédite : il faut compter parmi eux 800 enfants de moins de quatorze ans, dont 45 ont été abattus alors qu'ils sortaient d'un spectacle de marionnettes. Abattus par qui? La Securitate, bien sûr.

Ce jour-là, les Hongrois multiplient les informations ponctuelles. Le correspondant en Roumanie de l'agence MTI affirme qu'à Bucarest « la place devant le palais présidentiel ressemble à un champ de bataille, avec des corps gisant partout ». Timisoara, ajoute MTI, serait de nouveau assiégée par les forces de la Securitate, notamment par des parachutistes transportés en hélicoptères qui auraient tiré sur des civils. La télévision annonce que les « sécuristes » ont ouvert le feu sur des convois d'aide humanitaire hongrois, à Arad et à Oradea. Elle diffuse aussi le témoignage d'un reporter, de retour de Timisoara. Il affirme que les combats continuent et « que des tueries massives se poursuivent actuellement ». Vient enfin Radio-Budapest, avec un scoop autrement plus important : des mercenaires syriens et libyens, formés dans un centre proche de Bucarest installé par Ceausescu, combattent dans la capitale roumaine contre les insurgés. Ces mercenaires, affirme la radio, ont été transportés par hélicoptères dans la nuit de vendredi à samedi, et les cadavres de certains d'entre eux auraient été découverts samedi dans les rues de la capitale. Parmi ces « terroristes arabes », certains sont retranchés dans un immeuble du centre de Bucarest, précise la radio. Elle ajoute que des « groupes de Palestiniens » ont pris position « dans les montagnes roumaines », sans dire lesquelles, d'où ils pourraient « préparer quelque chose d'inattendu ». Ce jour-là, Radio-Budapest n'est pas optimiste : la Securitate, dit-elle, contrôle la plupart des réserves de munitions du pays et dispose aussi de stocks importants de nourriture. Ceausescu, croit-elle savoir, serait soit réfugié dans un bunker secret, d'où il dirigerait la contre-offensive, soit aux mains de l'armée.

C'est cette dernière version que retient la télévision hongroise : Ceausescu est prisonnier des militaires, et en route pour Bucarest. La télévision mentionne également une série de 30 à 40 explosions dans la capitale vendredi soir, citant un porte-parole du ministère de la Défense à Budapest. Le porte-parole estime qu'il s'agit probablement d'engins à retardement mis en place par la Securitate; « il se pourrait, dit-il, que les partisans de Ceausescu aient fait exploser plusieurs installations de gaz et des centraux de télécommunications »; il ajoute que les autorités roumaines ont demandé à la population de signaler d'urgence tous les objets suspects, qui pourraient être des bombes.

Une petite mention enfin pour l'agence bulgare BTA : à Timisoara, plus de 200 000 manifestants, dit-elle, sont descendus dans les rues de la ville (qui compte 300 000 habitants). Des personnes en deuil sortent des fosses communes, pour les enterrer, les cadavres de leurs proches, mutilés par les fidèles du dictateur.

Dimanche 24 décembre. Le correspondant de l'agence est-allemande ADN en Roumanie annonce que les violents combats, dans la nuit de vendredi à samedi, entre l'armée et les unités restées fidèles à Ceausescu, ont fait plus de 5 000 morts à Bucarest. Il affirme tenir ses sources du tout nouveau Conseil du Front de salut national, installé aux commandes du pays.

En Occident, on vit sous le spectre de la guerre civile. A Paris, le ministre des Affaires étrangères, Roland Dumas, fait une déclaration remarquée : la France serait prête à intervenir en Roumanie « si on lui en fait la demande ». « Moi, dit-il, je verrais bien la constitution d'une brigade de volontaires; si des Roumains en exil, si des Français, voulaient se constituer en corps de volontaires, nous faciliterions la tâche. »

BTA de nouveau. Pour annoncer que deux bateaux de commerce, l'un bulgare, l'autre soviétique, ont été mitraillés la veille sur le Danube, dans le port roumain de Braila, par des membres de la Securitate.

Lundi 25 décembre. Ce sera de nouveau un jour hongrois. Tôt le matin, la radio de Budapest lâche le bilan du génocide. Au total, depuis le 17 décembre, 70 000 personnes ont été tuées et 300 000 blessées dans les combats de la révolution en Roumanie. L'agence MTI affirme que des agents de la Securitate ont pris le maquis dans les collines dominant la ville de Brasov, qu'ils tiennent sous le feu de leurs armes. La télévision hongroise va plus loin : ce serait en tout 30 000 « sécuristes » qui seraient retranchés dans les montagnes roumaines; ils y attendraient le moment propice pour lancer une contre-attaque. Et de nouveau l'agence MTI, mais cette fois pour mentionner que l'armée roumaine aurait capturé à Arad « plusieurs terroristes libyens qui appuyaient les forces de Ceausescu durant les combats, avec des armes très modernes ».

Retour à l'agence Tanjug. Elle révèle un nouveau massacre, qui a fait un grand nombre de victimes. Responsable : la Securitate. Le massacre a eu lieu dans la ville d'Oravita, à une vingtaine de kilomètres de la frontière roumano-yougoslave. « Un grand nombre d'hommes, de femmes et d'enfants ont été blessés ou tués » par des « terroristes ». Tanjug mentionne encore, sans précision de date, des combats sanglants dans la ville voisine de Resita, entre partisans et adversaires du nouveau régime. Nombreuses victimes, les hôpitaux sont débordés.

C'est en ce jour de Noël qu'est annoncée l'exécution d'Elena et Nicolae Ceausescu. Elle suscite ce commentaire à chaud du rédacteur en chef adjoint de la télévision hongroise, Istvan Sandor : « Ceux qui pensent que ce verdict a été prononcé trop hâtivement devraient se rappeler la haine extraordinaire que le peuple éprouvait. Beaucoup diront qu'ils ne souhaitaient pas une mort aussi rapide, mais une mort lente, ou plutôt des dizaines de milliers de morts à ce dictateur brutal. Aucun trait humain ne peut lui être attribué non plus qu'à sa femme. »

Mardi 26 décembre. Tanjug annnonce que la ville de Sibiu, ancien fief de Nicu Ceausescu, a été « pratiquement détruite » par le feu. Elle en rend responsable les « terroristes ».

Mercredi 27 décembre. Le journal syndical hongrois *Nepszava* écrit en première page que « la Securitate emploie un gang international de mercenaires, la plupart arabes ». Et il ajoute : « Des témoins ont vu que des groupes de bandits armés qui pillaient des magasins à Oradea et ailleurs étaient des commandos arabes. »

Je pourrais vous offrir encore quelques beaux mensonges, il y en eut d'autres les jours qui suivirent, mais ce fut pour seulement broder un peu sur les énormités déjà proférées, ils seraient sans intérêt pour notre propos. J'arrête là le matraquage, je suis sûr que vous êtes groggy. Mais je suis sûr aussi que vous admettrez qu'il y eut un orchestre. Le premier violon ne fait aucun doute, il est hongrois, et vient de nous offrir des solos en série qui nous ont laissé tout étourdis. Le deuxième violon fut presque aussi remarquable, on n'est pas près d'oublier les coups de l'archet yougoslave. Je passe sur quelques instruments du rang, allemands de l'Est, bulgares, ils jouèrent la même musique, sans fausses notes, ils étaient au diapason. Quelques fâcheux pourront regretter l'absence de finesse de la musique – et je reconnais volontiers qu'elle fit souvent dans le pathétique grandiloquent – mais si l'on s'en tient à la seule efficacité, alors il faut dire à l'orchestre : « Bien joué. »

Et se demander qui fut le chef d'orchestre. L'âme de ces violons. Il serait injuste de porter au seul crédit des exécutants un aussi grand succès. Vous connaissez les instrumentistes : livrés à eux-mêmes, ils n'arrivent jamais qu'à de médiocres performances. Il leur faut toujours quelqu'un pour les tenir, pour les mener à la baguette. Faites marcher vos cellules grises, vous allez voir qu'on va trouver. Dans cette partition, quels furent les thèmes majeurs mis en relief? La lutte contre une insupportable tyrannie communiste, le souhait d'une libération pour un peuple asservi, l'appel ardent à des élections libres, à l'éclosion du multipartisme, à la naissance d'une authentique démocratie. Demandez autour de vous, les spécialistes vous diront qu'à l'heure actuelle, dans ce genre particulier de musique, il n'existe qu'un seul véritable chef. Conducteur génial, inégalé, il bouleverse depuis deux ans l'histoire de la musique, impose à tous une révolutionnaire façon de jouer, de la plus grande portée. Devant des salles toujours combles, il a joué avec la même inspiration à Varsovie, Prague, Berlin-Est, Sofia, Budapest...

Mikhaïl Gorbatchev n'a qu'un défaut, une modestie maladive le fait trop souvent rester dans l'ombre, et abandonner aux seuls musiciens les lauriers de son triomphe et les feux de la rampe.

CHAPITRE 7

Scénario pour une révolution

En ce début mars londonien, un timide soleil vespéral embrasait un violon abandonné sur un chippendale, au milieu de quelques partitions. L'archet était posé en travers. Sherlock Holmes acheva en soupirant la lecture du dernier d'une épaisse pile de feuillets. Il se tourna vers le docteur Watson : allongé dans son fauteuil favori, à l'autre bout du salon, celui-ci fumait son éternelle pipe en parcourant le journal. A moins qu'il ne fît semblant, occupé à d'autres pensées.

– Savez-vous, Watson, je crois bien que je vais me piquer au jeu. Je veux parler de ce journaliste français qui m'a fait tenir cent vingt pages d'un ouvrage qu'il doit terminer d'urgence et fait appel à ma sagacité d'analyste, ce sont ses propres termes, pour vérifier si nos scénarios à tous deux sont ou non convergents sur l'affaire roumaine.

Watson réprima un bâillement. On sentait bien que le sujet le passionnait très modérément. Mais Holmes n'était pas homme à lâcher prise.

– Watson, dit-il, il est à peine 5 h 23, ne me dites pas que vous avez déjà sommeil! Je ne connais pas encore le scénario final du journaliste; il dit l'avoir joint dans cette épaisse enveloppe, avec pour instruction de ne l'ouvrir qu'après que j'aurai ficelé le mien, sur la base des mêmes éléments qui furent en sa possession. J'ai parcouru le dossier, Watson, et pour tout vous dire, je crois avoir déjà ma petite idée sur le sujet.

Résigné, le docteur se redressa dans son fauteuil, il savait qu'il ne couperait pas à la levée des mystères de Bucarest. « Votre idée, Holmes? », grogna-t-il.

– Parfaitement, Watson, je crois que toutes les pièces du puzzle vont dans le même sens. Je requiers toute votre attention : où, quand et comment l'affaire roumaine commence-t-elle? Elle commence le 16 décembre, dans la ville de Timisoara, par une manifestation apparemment sans grande importance, devant le domicile d'un pasteur protestant menacé de déplacement par le régime.

– Ce Tokos ou quelque chose d'approchant? grommela le docteur.

– Pas Tokos, Watson, Lazlo Toekes. Ce Toekes était connu pour être fort engagé dans la défense de la minorité hongroise de Roumanie, et Ceausescu avait décidé de le déplacer.

– Je ne vois pas très bien...

– Attendez, Watson, j'ajoute que le lieu n'est pas indifférent : nous sommes à Timisoara, très loin de Bucarest, dans un bastion de la communauté hongroise. J'ajoute enfin qu'à mon sens le moment de cette manifestation et ses dérapages, j'y reviendrai, ne sont pas innocents puisqu'elle prend place au moment d'un départ imminent du tyran. Le 18, il va quitter en effet le pays pour une visite officielle de trois jours en Iran.

– C'est curieux, en effet.

– Je me réjouis de votre intérêt, Watson. Voilà donc les ingrédients du début. Une petite manifestation, à un moment et dans un endroit fort opportuns, le tout sur une toile de fond qui est l'un des points faibles du dictateur, je veux parler du problème lancinant de la minorité hongroise. Vous n'ignorez pas qu'entre les deux capitales la situation n'a pas cessé de s'envenimer, les deux dernières années, autour du sort de la communauté hongroise de Roumanie, qu'on estime à deux millions de personnes. Souvenez-vous, Watson, le programme délirant de destruction des villages traditionnels – Ceausescu disait « systématisation », le mot fait frémir – avait donné lieu à des manifestations géantes à Budapest, où l'on y voyait à bon droit une volonté de liquider par la même occasion l'identité hongroise, en normalisant jusqu'à son habitat séculaire, facteur d'homogénéité et donc de résistance. Lieu, moment, contexte politique, l'affaire roumaine, mon cher docteur, est explosive dès le départ. Mais il reste une donnée essentielle, vous ne voyez pas?

– Eh bien, Holmes, je me dis que rien ne permet de penser au début que tout cela va malgré tout exploser. Une manifestation peut très bien se mater, on l'a vu pour les émeutes de Brasov en 1987. Elles étaient importantes pourtant.

– Bravo, Watson. Bravo pour votre allusion à Brasov. Je note en passant que ces émeutes de 1987 éclatent déjà dans un secteur à forte implantation hongroise. Mais vous oubliez une chose. Brasov survient à un moment bien précis : Gorbatchev n'a toujours pas entrepris sa destruction du glacis communiste. En 1987, les communistes restent au pouvoir dans toutes les démocraties populaires, le mur de Berlin est toujours là. Brasov ne pouvait pas déraper, c'était prématuré. Mais en décembre 1989, le paysage politique est bouleversé, vous l'admettrez bien volontiers. Tous les régimes communistes du bloc soviétique ont été liquidés par Gorbatchev : en Pologne, en Tchécoslovaquie, en Bulgarie, en Allemagne de l'Est. En quelques mois, vous l'avez bien vu, c'est la grande braderie. Résultat, nous avons fin 1989 une situation qui n'a jamais été aussi mauvaise pour Ceausescu. Plus de voisins complaisants ou neutres pour lui. Adieu les Honecker, Jivkov, Kadar. A la trappe. Voici notre dictateur totalement isolé, honni de tous, à l'Est comme à l'Ouest, pour une politique qui soumet la population à des conditions de vie de plus en plus insupportables. Fini l'époque où nous chouchoutions Ceausescu en Occident, voyant en lui un délicieux faiseur de pieds de nez au maître moscovite. D'adoré il est devenu abhorré. On tourne en dérision son culte de la personnalité, sa délirante mégalomanie, on parle du royaume d'Ubu; chez nos amis français, l'opinion est encore plus remontée, avec cette affaire d'adoption d'enfants roumains dont Bucarest freine la sortie. Vous me suivez, Watson, le contexte est devenu cette fois follement explosif. Et voici que survient Timisoara. Ici, notez bien quelque chose : dès le départ, le ton est donné, la première information, lâchée par les Hongrois sur cette manifestation du 16 décembre, nous explique qu'elle a pour but d'empêcher la « déportation » du pasteur Toekes. C'est important, Watson, le choix d'un mot. Déportation, cela évoque aussitôt les camps de concentration, et au minimum des conditions très dures infligées au déporté. Auschwitz qu'on évoquera par la suite pour les charniers de Timisoara, et l'amalgame Hitler-Ceausescu, sont déjà sous-jacents dans ce « déportation », qui est tout ce que vous voudrez sauf une innocente approximation sémantique, permettez-moi de le penser.

– Mais c'était bien de déportation qu'il était menacé, Holmes!

– Pas du tout, mon cher. Au vu du dossier, le terme apparaît très exagéré. Il s'agissait plus exactement d'un déplacement dans une autre paroisse, d'une mutation autoritaire, si vous préférez; décidée d'ailleurs par sa hiérarchie, même si celle-ci était totalement alignée sur le régime, je vous le concède. A titre de comparaison, je vous rappelle que le primat de Pologne, Mgr Josef Glemp, avait pris des mesures semblables après l'état de siège, en mutant d'autorité, sous la pression du pouvoir, quelques prêtres dont les homélies étaient jugées par trop viscéralement anticommunistes. L'un d'entre eux, si j'ai bonne mémoire, était un certain abbé Nowak. Il dut quitter son église de Varsovie et partir pour une cure obscure à la campagne. Je passe sur l'assassinat du père Jerzy Popieluszko, lui aussi jugé « trop extrémiste » par les autorités et moult fois admonesté par sa propre hiérarchie. Mais revenons à Toekes. Son déplacement autoritaire, Watson, ne peut donc être mis sur le compte d'une horrible spécificité roumaine. Le 21 décembre, le supérieur de Toekes rend publique une déclaration critiquant les agissements du pasteur, et justifie la mesure de déplacement. C'est fort intéressant, mon cher. Cet évêque de l'église réformée de la circonscription d'Oradea, Mgr Lazlo Papp, dont dépend la ville de Timisoara, attaque vivement Toekes. Et que dit-il? Il lui reproche d'avoir commis à plusieurs reprises des actes d'indiscipline et d'avoir refusé obstinément de se plier aux sanctions de son autorité ecclésiastique, en ne rejoignant pas la paroisse de Mineu, où l'on avait décidé de le nommer. Les accusations du prélat sont à relever, Watson. Il affirme que les activités de cet insubordonné subordonné sont « inspirées et encouragées par les milieux antiroumains de l'étranger, notamment de Hongrie ». Ce n'est pas tout. Mgr Papp explique que, devant ce refus d'obtempérer, l'évêché a intenté devant le tribunal de Timisoara un procès au pasteur Toekes, qui se voit condamné à quitter sa maison. L'application du jugement est désormais du seul ressort de la police, et dès lors, mon cher, nous entrons dans une zone de danger. Le dérapage est possible; il l'est d'autant plus si l'on tient compte que l'Église réformée de Roumanie compte quelque 715 000 fidèles, pratiquement tous de souche et de langue hongroises, et qui vivent presque exclusivement en Transylvanie occidentale et centrale. Sur le nombre, j'en mets ma main au feu, on peut compter beaucoup de partisans potentiels du pasteur.

– Vous voulez dire que Timisoara est un coup monté, Holmes?

– On peut se poser la question, mais rien ne permet pour l'instant de dire si cette première manifestation pacifique devant le domicile du pasteur Toekes est spontanée ou suscitée dès le début, dans l'espoir qu'elle dégénère. Ce qu'il faut retenir, vous connaissez ma méthode, docteur, ce sont les faits. Et les faits sont les suivants : ce 16 décembre, une occasion de dérapage apparaît à Timisoara.

– Une petite bombe.

– C'en est une, effectivement, dans le contexte que je viens d'évoquer. Mais une bombe potentielle. Il manque encore le détonateur et la mise à feu. Un explosif qui n'explose pas ne sert pas à grand-chose. Il faut donc le faire exploser, et notez bien ceci, Watson, tout va être fait dans ce sens, à la vitesse de l'éclair; la bombe va exploser et la révolte de Timisoara en quelques jours va s'étendre au pays tout entier. Comme une traînée de poudre puisqu'on parle d'explosifs.

– On aurait pu la stopper, la tuer dans l'œuf.

– Décidément, vous êtes dans un bon jour, Watson. On aurait pu. Mais dès le début, précisément, de graves erreurs sont commises, du point de vue de la dictature, j'entends. Une dictature, Watson, ça réprime sans attendre. Or, que se passe-t-il? Le journaliste français me fournit là les extraits du dernier Comité politique exécutif qui se tint à Bucarest le 17 décembre, lendemain des premiers incidents. Et qu'est-ce qu'on apprend? Que les ordres de Ceausescu n'ont pas été appliqués. On n'a pas fait de démonstration de force véritable dans la ville, il semble que les troupes n'aient pas eu de balles, je parle aussi bien de l'armée que de la Securitate.

– Mauvaise appréciation peut-être de la gravité...

– Possible. Mais on peut aussi penser que, dans l'entourage du dictateur, certains tenaient sa chute comme inéluctable et manquèrent d'enthousiasme, voire donnèrent un petit coup de pouce.

– C'est très grave comme accusation, Holmes!

– Je sais, mais Ceausescu la formule ouvertement devant les responsables, il les accuse carrément de trahison. Ce type était tout ce qu'on voudra sauf un imbécile, et ce qu'il dit à cette réunion du 17 décembre montre qu'il avait perçu clairement le danger du dérapage. Écoutez ces extraits, publiés dans *Le Nouvel Observateur,* un hebdomadaire français fort estimable, Watson.

Holmes fouille dans le dossier.

– Ah, j'y suis, voilà! Je cite Ceausescu, mon cher, il est très en colère, il parle de Timisoara, il dit qu'on aurait dû tirer, mais dans les jambes : « Comment une telle situation est-elle possible? Que des vagabonds entrent dans le siège du comité départemental du Parti! Qu'ils frappent les soldats et les officiers! Et que les autres n'interviennent pas! Que font tes officiers, Milea? Pourquoi ne sont-ils pas intervenus immédiatement? Pourquoi n'ont-ils pas tiré, ils devaient tirer! Pourquoi vous ne leur avez pas donné de munitions? J'ai ordonné qu'on tire en l'air et qu'on fasse des sommations. Sans munitions, autant les garder à la maison! Quelle sorte de ministre de la Défense es-tu, Milea! Quelle sorte de ministre de l'Intérieur es-tu, Postelnicu! Vous disiez que vous leur avez donné des munitions pour les manœuvres, ils ne faisaient pas des manœuvres, leur travail était de combattre. Vous n'avez pas dit la vérité. Jusqu'à présent vous nous avez désinformés. (...) Comment peut-on qualifier cette attitude? On en discute ici, dans ce comité : mais moi, en ma qualité de commandant suprême, je considère que vous avez trahi les intérêts du pays, les intérêts du peuple, les intérêts du socialisme. »

– Il est en effet très remonté.

– C'est qu'il a très bien compris la menace, Watson. Écoutez encore, il dit ceci un peu plus loin : « Il faut définir les actions et les mesures à prendre, parce qu'il est question des agissements fomentés aussi bien à l'Est qu'à l'Ouest, unis pour détruire le socialisme, parce qu'ils veulent un socialisme humain capitaliste (...) Tous doivent savoir que nous sommes en état de guerre. Tout ce qui s'est passé, qui se passe en Allemagne, en Tchécoslovaquie, en Bulgarie maintenant et dans le passé proche en Pologne, en Hongrie, sont des choses organisées par l'Union soviétique avec l'aide américaine et de l'Occident. C'est clair, camarades? »

– Je dois dire, Holmes, qu'il me paraît assez lucide.

– Et je crois qu'il l'est, du moins sur ce point du danger d'un coup fomenté contre lui, Watson. D'où sa fureur devant l'incapacité de ses généraux à étouffer d'un coup la manifestation de Timisoara. Il y voit une trahison, rien moins.

– Et vous, Holmes, votre opinion sur ce point?

– Question difficile, Watson. Incompétence et

mauvaise appréciation me paraissent s'adapter assez parfaitement au ministre de l'Intérieur, Postelnicu, totalement dévoué au régime. Mais pour un autre, je veux parler du général Vlad, le chef de la Securitate, je serai beaucoup plus réservé. Je penche pour l'ambiguïté. Peut-être préparait-il la relève en donnant des premiers gages aux successeurs.

– Vous parliez du dérapage, Holmes.

– J'y reviens, Watson. Il s'est produit très vite à Timisoara, du moins si j'en juge d'après les informations rapportées par les agences de presse, sur la foi de témoins. Il semble bien que des éléments incontrôlés – à moins qu'ils ne le fussent trop bien, qui le saura jamais? – soient aussitôt entrés en scène. On qualifie ces éléments de « gens ivres et marginaux ». Ce seraient eux qui auraient fait dégénérer la première manifestation du 16 en insultant les forces de l'ordre et en leur lançant des projectiles divers. Je reste prudent sur ce point, nous n'avons pas de véritables preuves, mais il n'est pas à écarter. Toutefois, Watson, l'essentiel est ailleurs. Dès que le dérapage a lieu, que les forces de l'ordre font dans les jours qui suivent leurs premières victimes, nous assistons alors à une fantastique opération d'intoxication. Et n'oubliez pas qu'elle commence alors que Ceausescu est parti en Iran, ce qui fut sa plus grande erreur. J'explique cette erreur par l'orgueil, la mégalomanie du tyran, mais aussi par un souci politique : annuler ce voyage, Watson, eût été reconnaître aux yeux de la communauté internationale la gravité des événements de Roumanie, et que le pouvoir était dans une mauvaise passe. D'une certaine manière, le vieux tyran était piégé. Mais revenons à l'intox qui se déchaîne à ce moment précis.

– Vous voulez parler des bilans?

– Pas seulement. Il y a d'abord les bilans, bien sûr. En quelques jours, ils vont atteindre des sommets inégalés. On va parler de 2 000, puis de 5 000, puis de 12 000 morts dans la seule ville de Timisoara. Pour le pays tout entier on avancera le nombre de 70 000 morts. Le mot de génocide est lâché, il revient toujours contre toute évidence dans les procès qu'on fait aujourd'hui aux anciens dignitaires du régime, ou à quelques « sécuristes ». Mais ce n'est pas suffisant. On ajoute aussitôt des détails d'épouvante. Vous vous souvenez des charniers, de la femme à l'enfant. Tout est fait pour développer un sentiment d'horreur, on parle de tortures inouïes, de mercenaires étrangers combattant aux côtés de la Securitate.

– Et tout est faux!

– A ce qu'on sait jusqu'à présent, complètement faux, Watson, mais le but est atteint. En quelques jours, grâce au relais des médias occidentaux qui se laissent prendre, la situation est irrattrapable. Quand Ceausescu rentre d'Iran, le 20 décembre, il est devenu aux yeux de la communauté internationale un monstre répugnant, hideux-alisé, un vampire qui se nourrit du sang de son peuple, pour lui et son clan les carottes sont cuites; vous connaissez la suite, la fin, devrais-je dire. Il ne pouvait plus redresser la situation.

– On en arrive au chef d'orchestre...

– La tactique fut remarquable, Watson. Elle visa selon moi un quadruple objectif. Sataniser le tyran par l'accumulation d'informations et de bilans terrifiants. En faire un génocideur, le présenter comme quelqu'un qui ne reculerait pas devant une entreprise d'extermination de ses compatriotes pour se maintenir au pouvoir. Donc un ennemi de l'humanité. Noircissement absolu. Ceausescu en quatre jours était devenu un ogre, faisant ouvrir et recoudre des femmes enceintes, tirer sur des enfants au sortir d'un spectacle de marionnettes. Deuxième objectif, Watson : accélérer ce faisant la révolte, l'étendre au pays tout entier, en donnant aux Roumains le sentiment que, cette fois, c'était dans la poche, qu'ils pouvaient y aller, que le monde entier, l'Est comme l'Ouest, était à leur côté, évoquant déjà une éventuelle intervention militaire si nécessaire, pour stopper le génocide en cours. Les Roumains ont compris le message et sont sortis dans les rues de plus en plus nombreux. Ici, mon cher, il faut saluer la jeunesse du pays, une partie du moins, elle combattit avec bravoure.

– Vous avez parlé de quatre objectifs.

– J'y arrive, mon cher. Il y en eut un troisième : camoufler la manipulation, accréditer la thèse que la révolution était spontanée, un sanglant soulèvement populaire et rien d'autre, avec tout ce que cela comporte d'héroïsme; on lavait dans le sang vingt-cinq ans de soumission, de honteuse collaboration. Avouez que c'est flatteur pour le peuple roumain. Cela s'appelle rédemption. C'est lui qui se soulève, et lui seul. Il s'agissait du même coup d'occulter qu'il ait pu y avoir des préparatifs et des contacts préalables, en d'autres termes que cette révolution ait pu n'être pas si transparente.

– Vous croyez donc à des contacts, des préparatifs?

– Ce n'est pas un acte de foi, Watson, je constate, c'est tout. Plusieurs des dirigeants actuels préparaient l'avenir, de toute évidence, avec l'étrange bienveillance du général Vlad. Il y a cette rencontre dans un parc entre Iliescu et le général Militaru, plusieurs mois avant décembre. Ils sont filés, et leurs propos enregistrés par la Securitate. Celle-ci les convoque, mais nos deux hommes ressortiront libres. Surtout, Watson, il y a cette bande vidéo qui mit le nouveau pouvoir dans le plus grand embarras lorsqu'elle fut diffusée par une télévision française. Cette bande est enregistrée le 22 décembre à 18 h 30. Ceausescu est en fuite depuis plusieurs heures. On y voit et entend les membres de la future direction roumaine discuter du sigle dont ils entendent se doter pour signer un appel au peuple. Plusieurs propositions sont faites, on parle de Front de l'unité populaire, de Conseil démocratique, mais Iliescu estime que ce « démocratique » est un mot fourre-tout. C'est alors, écoutez bien, Watson, que le général Militaru, l'ancien ministre de la Défense, lance ces mots : « Mais le Front de salut national fonctionne déjà depuis six mois. » Sous-entendu, pourquoi chercher un autre sigle? On n'en cherchera pas d'autre, le Conseil du Front de salut national est officialisé peu après, devenant la nouvelle instance dirigeante du pays.

– Mais les dirigeants actuels, Holmes, ne cessent d'affirmer qu'ils ont été catapultés à la tête d'une révolution qui les a pris par surprise.

– Ils travaillaient à la succession, Watson. Vous pouvez tourner la phrase de Militaru dans tous les sens, il existait des contacts au moins depuis six mois entre certains membres de l'actuelle équipe au pouvoir, civils et militaires. C'est pour cela que la révélation de ces propos du général a si fort contrarié.

– Ils entachaient la thèse de la spontanéité?

– Exactement. Et l'on se souvint alors qu'en septembre et novembre 1989, un Front de salut national avait signalé son existence en faisant parvenir en Occident deux manifestes violemment hostiles au dictateur; l'un, Watson, fut même distribué aux participants au 14e congrès du PC roumain, qui devait réélire triomphalement Ceausescu à la tête du pays. Texte très dur qui stigmatisait « l'état de déchéance biologique et intellectuelle de Ceausescu, sa promesse cynique de poursuivre sa politique catastrophique, son dogmatisme, la sclérose de sa pensée et surtout l'absence de toute perspective de dépassement de notre tragédie historique ». Et ce texte, Watson, s'achevait sur ces mots : « La crise pourrait dégénérer en un bain de sang. Le Roumain est patient, mais sa patience n'est pas éternelle. »

– Et le Front, Holmes, ce serait selon vous les mêmes gens dont parlait ce Militaru?

– Il n'existe pas de preuve officielle, Watson, puisque le texte n'était signé d'aucun nom, mais je le pense, oui. Vous connaissez ma méthode. Pourquoi compliquer quand on peut faire simple? Pourquoi diable aller chercher deux entités, avec à chaque fois des personnages différents, derrière une même appellation de Front de salut national? Vous noterez enfin qu'en mars 1989, six anciens personnages importants du régime avaient courageusement signé une lettre ouverte critiquant la politique de Ceausescu. On y retrouve au moins deux noms qui vous diront quelque chose, Watson : Corneliu Manescu, ancien ministre des Affaires étrangères et ambassadeur de Roumanie à Paris de 1977 à 1982, et Silviu Brucan, ancien ambassadeur aux États-Unis et à l'ONU. Oui, je suis convaincu que nombre des premiers nouveaux dirigeants – vous savez que depuis certains ont dû démissionner – étaient membres du Front et se concertaient depuis belle lurette.

– Avec Moscou?

– Watson, ne vous faites pas plus sot que vous ne l'êtes! Presque toute la nouvelle direction de Bucarest était composée de communistes, libéraux gorbatchéviens pour une partie d'entre eux. C'est le cas, dit-on, d'Iliescu. Comment pouvez-vous douter une seconde qu'ils n'aient pas noué des contacts avec le maître? Comment pouvez-vous douter que Gorbatchev, occupé à liquider son glacis néostalinien en Europe de l'Est, ait pu ignorer l'existence de cette fronde à Bucarest et le nom de ses animateurs? Ces réquisitoires du Front de salut national étaient parvenus en Occident, Radio-Free-Europe les avait diffusés; la lettre ouverte des « six » était publiée; et Moscou ne se serait pas soucié d'en savoir plus? Moscou n'aurait pas été tenté d'apporter son soutien à une relève qu'il appelait de tous ses vœux et imposait partout dans le voisinage? Pour le coup, c'est cela qui serait aberrant, Watson, ce serait à désespérer du KGB.

– J'attends toujours le quatrième objectif, Holmes.

– Je ne l'ai pas oublié. Il s'agissait de justifier par

avance, avec ce noircissement du tyran dont j'ai parlé, sa liquidation physique sans autre forme de procès. Vous savez bien que celui qu'on lui fit était tout sauf un acte de justice. L'avantage, Watson, c'est qu'on évitait tout lavage du linge sale en famille, ce qui n'aurait pas manqué d'avoir lieu en cas de jugement équitable. Trop de gens avaient été trop longtemps complices, compromis, il ne fallait pas laisser parler le vieux et la vieille, leur donner l'opportunité de s'expliquer, de se défendre. On leur a cloué le bec.

– J'avoue, Holmes, que votre démonstration me séduit. Mais pour conclure, car nous approchons de l'heure du dîner, quel est le scénario final que vous retenez pour ce journaliste qui vous l'a demandé : révolution spontanée, coup monté?

– Je vais vous dire, Watson. Je crois que les choses se sont passées à peu près comme suit. Tant pis si je me répète. Moscou connaissait l'existence d'une relève à la dictature de Bucarest, ce qui n'implique pas forcément qu'une équipe de remplaçants était déjà choisie, avec les maillots et les numéros déjà cousus dessus, et Iliescu comme capitaine. Vous le vérifiez avec ce détail intéressant : au tout début, ce n'est pas Iliescu qui apparaît comme numéro un, mais Corneliu Manescu, dont je viens de parler. L'essentiel était de savoir qu'en temps voulu on pouvait former en moins de deux une équipe. Moscou attendait seulement l'occasion d'agir sans apparaître ouvertement dans le jeu. Et l'occasion fut Timisoara. Elle fut exploitée aussitôt, et donna lieu à l'entreprise d'intox médiatique la plus fantastique que je connaisse à ce jour. Je passe, Watson, sur les trafiquants de cadavres de Timisoara qui nous firent croire quelques jours, le temps que ce fut nécessaire, à la plus totale ignominie du régime. Qui étaient-ils, on l'ignore pour l'instant, mais je ne serais pas surpris qu'il s'agisse d'une opération dirigée par quelques efficaces agents de l'Est.

– Macabre!

– Mais efficace, mon cher, c'est cela qui compte. Jusqu'au 22 décembre, jour de la chute du régime, les pays de l'Est, donc Moscou, eurent le monopole médiatique. Une semaine durant, et ce fut une semaine décisive, ils furent les maîtres absolus du jeu; les journalistes occidentaux, mis à part une pincée d'entre eux, n'avaient pu encore entrer dans le pays. Du billard, Watson. Relayée par les médias de l'Ouest, qui se déchaînèrent et reprirent toutes les informations comme argent comptant, l'intox eut un effet mobilisateur sur les Roumains eux-mêmes, encouragés à sortir toujours plus nombreux dans la rue, à combattre. Roumains intoxiqués qui devinrent aussi intoxicateurs, la plupart sans le savoir, vous connaissez l'effet d'entraînement : au bout de quelque temps, plus personne ne sait qui intoxique qui. Le mécanisme était irréversible.

– C'est remarquable!

– Ça l'est en effet, mon cher. Et vous noterez au passage que Moscou, à quelques exceptions près, resta toujours quelque peu en retrait dans le mensonge, dont la tâche incomba pour l'essentiel aux frères libérés de l'Est, la Hongrie en premier lieu, qui avait plus d'un compte à régler avec Ceausescu.

– Beau scénario, Holmes.

– Attendez, Watson. Je dirai pour conclure que la Révolution roumaine fut une entreprise concertée de déstabilisation, puis de liquidation du régime Ceausescu par Moscou, qui se dissimula derrière les paravents de l'Est. Avec pour la première fois à ce niveau le recours à une intoxication médiatique généralisée, qui fit de nous, Occidentaux, des acteurs d'une page d'Histoire que nous contribuâmes à accélérer, donc à écrire. Et cette intox rendit en quelques jours tout retournement impossible, entraînant presque aussitôt le basculement de l'armée et de la Securitate, qui comprirent vite que tout était fichu. Je ne dis pas que de nombreux Roumains ne se sont pas battus bravement, qu'il n'y eut pas des poches de résistance de « sécuristes », des combats sanglants ici ou là. Ce que je dis c'est que les Roumains ne firent pas à eux seuls la révolution, que celle-ci n'eut jamais l'ampleur guerrière non plus que le caractère national, massif et spontané qu'on voulut et continue de vouloir nous faire avaler. Les Roumains purent faire la révolution parce qu'on la leur apporta sur un plateau.

– De télévision, Holmes!

– Entre autres, Watson. Et puisque vous évoquez ce point, je me permets d'insister sur la remarquable tactique qui consista à s'emparer à Bucarest de l'immeuble de la télévision. Elle eut pour effet immédiat une accélération majeure du processus de l'intox, qui permit de véhiculer en direct sur la planète les images accréditant le génocide, les charniers, et la guerre civile. A partir de ce moment, nous fûmes en Occident sous transfusion vingt-quatre heures sur vingt-quatre.

– C'est exact, je me souviens des images des charniers, sans cesse diffusées. Voilà donc votre scénario, Holmes.

– Attendez, mon cher, il n'est pas tout à fait fini.

– Allons bon!

– Rassurez-vous, je ne serai pas long. Il existe en effet, c'est lumineux, un deuxième volet, qui est en train de se réaliser au moment où nous parlons. J'entends par là que le maître d'œuvre savait très bien qu'une fois déclenché le processus, le peuple roumain ne se satisferait pas longtemps des premiers successeurs de Ceausescu apparus au balcon pour lui annoncer sa liberté reconquise. Tous ces dirigeants ou presque étaient des communistes, n'est-ce pas, or que se passe-t-il à l'Est? Le raz de marée du multipartisme et des élections libres, avec pour corollaire la ruine des partis communistes, totalement discrédités.

– Alors, Iliescu?

– Iliescu disparaîtra, Watson. A plus ou moins long terme. Déjà autour de lui, des personnages comme Silviu Brucan et Dumitru Mazilu, hommes forts du nouveau régime pendant les premières semaines, ont été balayés sous la pression populaire. Les nouveaux partis d'opposition ont forcé le Front à leur ouvrir ses portes pour gérer en commun le pays dans l'attente des élections. Partout à l'Est, être communiste est désormais un péché mortel, mon cher; et Gorbatchev le sait bien qui prend ses distances et met tout en œuvre chez lui pour se fignoler un régime présidentiel au-dessus des partis. Autrement dit, pour ne plus être mouillé par son statut de secrétaire général du PCUS.

– Si je comprends bien, Holmes, cet Iliescu et plus généralement les dirigeants actuels marqués par leur appartenance communiste seront à la Roumanie ce que fut Egon Krenz à la RDA?

– Vous avez mis dans le mille, Watson. Ils seront des Egon Krenz, lequel, rappelez-vous, n'a pas tenu plus d'un mois et demi après avoir succédé au vieil Honecker. Ce sera plus long en Roumanie, mais cette évolution me paraît inéluctable, et je me refuse à envisager qu'elle n'ait pas fait partie du scénario dès le début.

– Mais alors, pourquoi avoir choisi des communistes pour la succession roumaine, Holmes?

– C'est qu'il n'y avait pas d'autre alternative, mon bon. Tout le monde a parlé dès le début du vide politique de ce pays après la chute de la dictature. Rien de plus exact. Toute opposition avait été laminée depuis quarante ans et plus, il n'existait aucune structure de remplacement. La seule solution était de passer le pouvoir à des communistes, même purs et durs, qui s'étaient démarqués sur la fin de Ceausescu, souvent avec courage. Mais en sachant fort bien qu'une fois le processus révolutionnaire enclenché, ils devraient assez vite passer la main aux nouveaux partis qui ne manqueraient pas d'apparaître. Élémentaire, mon cher Watson. Et je souris lorsque je lis ces déclarations de Petre Roman à la télévision française : « Gorbatchev n'a rien permis en Roumanie, c'est le peuple roumain qui a permis lui-même la révolution. » Ou bien M. Roman nous prend pour des imbéciles, ou lui-même en est un, ce qui est grave au poste qu'il occupe. Je souris plus encore, Watson, lorsque je lis ceci, sous la plume d'Eugène Ionesco, qui ne vaut pas notre grand Will mais reste un estimable auteur dramatique : « Le déclenchement de ce mouvement désespéré reste un mystère. Je crois que Dieu y est pour quelque chose. Comme il a été français au temps de la Résistance sous l'occupation nazie, Dieu cette année est roumain. » Cela fera plaisir à Gorbatchev, mon cher, à ma connaissance c'est la première fois qu'on le divinise.

Watson était songeur, il s'enfonça de nouveau dans son fauteuil. Holmes ouvrit alors avec un stylet d'argent l'enveloppe du journaliste français et parcourut rapidement les quelques feuillets qu'elle contenait. Il souriait quand il en acheva la lecture.

– Watson, dit-il d'un ton enjoué, il se passe quelque chose d'incroyable. Ce journaliste et moi sommes d'accord sur toute la ligne. Jamais je n'aurais pensé qu'un mangeur de grenouilles puisse être aussi perspicace. Tenez, voyez par vous-même, c'est étonnant.

Holmes se retourna, les feuillets à la main. Ce fut pour découvrir que la tête de son ami dodelinait irrésistiblement. Watson venait de s'endormir.

CHAPITRE 8

Ça tire à Tirana

Vous connaissez les producteurs. Quand un sujet marche, ils sont tentés aussitôt d'exploiter le filon. De faire des séries. On l'a vu avec *Superman,* plus récemment avec *Indiana Jones* ou *Les Ripoux.* C'est humain.

Les producteurs de « La fin sanglante du tyran des Carpates » n'échappèrent pas à la loi du genre. A peine connurent-ils le succès qu'on sait qu'ils entreprirent de récidiver. Cette fois, le décor avait changé. Le pays était plus petit, mais qu'à cela ne tienne, on avait trouvé déjà un titre alléchant pour cette nouvelle production : « Ça tire à Tirana. » Décor admirable, inespéré. Seul à offrir dans la série finale des révolutions de l'Est, un monument dont le symbole n'échappera à personne : la dernière statue de Staline encore debout, ultime provocation érigée sur la grand-place de la capitale du pays des aigles. Un des temps forts de la nouvelle production devait être bien sûr le déboulonnement, par une foule en liesse, du petit père des peuples coulé dans le bronze.

A première vue, tous les ingrédients du scénario roumain étaient de nouveau réunis. Une forte et turbulente minorité grecque évaluée à 400 000 personnes. Merveilleux talon d'Achille. Une toute-puissante Sigurini (version albanaise de la Securitate), présentée comme le pilier du régime, et créditée d'un réseau de quelque 10 000 agents de renseignements et d'un nombre d'informateurs difficile à chiffrer. Une Sigurini dotée comme son homologue roumaine d'un arsenal perfectionné, bien supérieur à celui de l'armée, et d'équipements sophistiqués en matière d'écoutes et de télécommunications...

Il ne restait plus qu'à écrire l'histoire.

L'idée germe sans doute dans la tête des producteurs le 14 décembre. Excellent début, on entre de plain-« pied » dans le talon du héros grec dont j'ai parlé. Avec une dépêche d'agence venue de Grèce. Elle rend compte de la vive protestation de l'archevêque d'Athènes et primat de l'Église orthodoxe grecque, Mgr Serapheim. Devant le saint-synode, le primat exprime « son indignation et son horreur » devant la mort de quatre jeunes Albanais d'origine hellène, les frères Prassos, tués après avoir été maltraités par les autorités albanaises pour avoir tenté de traverser la frontière gréco-albanaise. Il précise que les quatre jeunes gens (Costas, Giorgos, Takis et Odysseus) ont été arrêtés le 11 octobre 1989, puis ensuite traités « inhumainement, attachés derrière un tracteur et traînés dans les rues, où ils ont trouvé une mort tragique ».

Mais il faut attendre le début des événements roumains pour voir exploiter véritablement le filon albanais. Le 19 décembre, le quotidien de Belgrade,

Ekspres Politika (vous n'avez pas oublié que cet illustre organe de presse toujours bien informé annonça la mort du père Toekes), mentionne des manifestations de protestation survenues « il y a quelques jours à Shkodër », ville située sur le lac du même nom, que se partagent Yougoslaves et Albanais. Démenti immédiat de Tirana. On n'en saura pas plus jusqu'au 22 décembre. Ce jour-là, le même journal nous annonce que les autorités albanaises ont « brutalement réprimé » les incidents de Shkodër, envoyant des manifestants dans des camps de travail. Nouveau démenti.

Mais déjà, de sa retraite d'Afrique du Sud où il vit en exil depuis dix ans, Leka Ier, prétendant quinquagénaire au trône d'Albanie, pointe son royal nez. Le 31 décembre, alors qu'à Bucarest tout est « joué » déjà, il appelle son peuple « à se soulever contre le régime athée et tyrannique » de Tirana et s'engage, dans l'hypothèse d'un retour au pouvoir, à organiser « un référendum national pour permettre à la population de choisir librement la forme de gouvernement démocratique la mieux adaptée à ses aspirations ». Il se déclare même prêt à servir la République, au cas où son peuple préférerait ce système politique à une monarchie constitutionnelle façon anglaise ou espagnole. Ce Leka est un roi vraiment sympa.

Et voici qu'arrive la nouvelle année. Le 6 janvier, les autorités albanaises marquent un point. Elles produisent un film vidéo à leur ambassade d'Athènes, où l'on voit les quatre frères Prassos fêter chez eux avec leurs parents le réveillon de la Saint-Sylvestre. Le film est censé « témoigner de l'absurdité des déclarations de ceux qui ont inventé leur prétendu assassinat ».

Défense insuffisante pourtant, les détracteurs ne désarment pas. Le 8 janvier, les représentants de la minorité grecque d'Albanie passent à l'action. Ils accusent le gouvernement albanais de procéder à des pendaisons sur les places centrales de plusieurs villes du pays : à Fier, Durrës et Vlorë. Les suppliciés seraient laissés exposés pendant une semaine, pour effrayer ceux qui manifestent contre le régime. Le président de l'Association des Grecs d'Épire, Costas Ghigas, estime dans une conférence de presse que « les crimes commis en Albanie dépassent ceux de Roumanie ». Un autre responsable de la minorité grecque, Vlassios Socratidis, se dit informé d'incidents à Tirana et ailleurs. Quant aux frères Prassos, la minorité grecque produit une lettre anonyme venue d'Albanie relançant la thèse de leur exécution.

Le 11 janvier, le quotidien *Politika* (à ne pas confondre avec *Ekspres*) prend le relais. C'est pour annoncer cette fois que des « mesures d'urgence » ont été décrétées à Shkodër. Avec en prime quelques détails : la police contrôle étroitement les véhicules et les personnes; à Tirana, la garde a été quadruplée autour des résidences du président albanais Ramiz Alia, et de la veuve de l'ancien dirigeant Enver Hoxha. Cinq jeunes Albanais ont été condamnés à mort fin 1989 pour avoir distribué des tracts appelant à manifester. Quant à l'obstiné mutisme des Albanais sur la « situation véritable » dans leur pays, le quotidien de Belgrade l'explique par une peur viscérale : un habitant sur trois a connu les épreuves d'un camp de travail, de la prison ou des méthodes de la Sigurini. Et dans la foulée, *Politika* nous révèle, au conditionnel, le passé sanglant de l'Albanie secrète et terrorisée : au cours des cinq dernières années « il y aurait eu » plusieurs tentatives de rébellion, toutes « étouffées dans le sang ». La plus sanglante « aurait » éclaté voici quatre ans dans le camp de travail de Spac, une importante mine de pyrite, près d'Elbasan, au centre du pays, dont la main-d'œuvre était constituée par six à sept mille prisonniers. Parmi eux, de nombreux anciens officiers et personnalités écartés par le régime. L'armée et les « unités spéciales » (ça ne vous rappelle rien?) « auraient » abattu alors entre 1 000 et 1 500 prisonniers, tous enterrés dans l'enceinte du camp. Une centaine d'autres « auraient » été condamnés à mort par la justice albanaise.

On frémit. Mais ce n'est pas terminé. Le lendemain, 12 janvier, revoici *Ekspres Politika;* citant des sources « dignes de foi » en Albanie, le quotidien assure que des mesures de surveillance renforcée sont appliquées dans les camps de travail, qui regroupent quelque 40 000 prisonniers, et dans les zones frontalières de la Yougoslavie et de la Grèce. Là, les habitants ne peuvent plus circuler d'une localité à une autre, aucun laissez-passer ne leur étant plus délivré désormais.

Le 12 est décidément un jour faste. L'agence Tanjug entre en scène, pour faire un carton. Elle annonce de « sources sûres » que l'état d'urgence a été décrété en Albanie. Et le quotidien yougoslave *Borba,* « généralement bien informé », apporte une intéressante précision : l'armée albanaise, forte de

66 000 hommes d'active et de 160 000 réservistes, est étroitement surveillée par la Sigurini. La raison? Des « signes de déloyauté au régime de Tirana » parmi un grand nombre de cadres militaires. Et *Borba* nous prend de vitesse en faisant pour nous le rapprochement qui germait déjà dans nos cerveaux obtus : le régime « se méfie de l'armée, il craint qu'elle ne lui tourne le dos comme cela fut le cas en Roumanie ».

Cette fois, ça commence à marcher. Tirana a beau qualifier toutes ces informations de « tissu de mensonges », les grandes agences de presse, les grands journaux sortent des tiroirs leur documentation, ils lâchent leurs premiers encadrés sur « L'Albanie, le pays des aigles ». Situation géographique et superficie (28 748 km^2), population (3 millions d'habitants), historique depuis l'occupation ottomane, régime politique, économie...

Le 13 janvier sera le jour d'Albert Cekka. Ce jeune soldat albanais réfugié en Grèce est fort disert, il parle d'un pays « en ébullition », où se déroulent des « tentatives de soulèvement écrasées dans le sang ». A Shkodër, dit-il, « beaucoup ont été tués par les hommes de la Sigurini, et d'autres, accusés d'être des ennemis du communisme, ont été pendus ». D'autres soulèvements ont éclaté dans plusieurs villes, « le régime de Ramiz Alia va tomber prochainement ».

Vas-tu enfin monter, oh mayonn(alban)aise? Elle ne montera pas. C'est au point que Belgrade est contraint, faute d'être discrédité, ou taxé d'agitateur patenté, de faire marche arrière. Le quotidien *Vecernje*

Novosti admet qu'à la frontière entre l'Albanie et le Kosovo aucun signe ne permet de conclure que l'état d'urgence a été instauré chez le voisin. Aucun coup de feu ni incident n'ont été rapportés, pas plus ces derniers jours que fin décembre. Côté albanais, le nombre des gardes-frontières n'a même pas été renforcé. Et *Borba* recule à son tour, en écrivant que « s'il y a eu des troubles, ceux-ci n'ont certainement pas eu, même de loin, pour l'instant, l'ampleur qu'on leur prête à l'étranger ». A l'étranger! Vous avez bien lu. *Borba* serait-il un journal humoristique?

Le 15 janvier, Ramiz Alia, dans une déclaration officielle, dément l'état d'urgence, il accuse Belgrade d'être à l'origine de toutes ces « inventions » qui visent à « renverser le pouvoir populaire » en Albanie, laquelle se porte bien, merci, et « restera une forteresse invincible ». Les manifestations? Pour Ramiz Alia, il faut plutôt les chercher en Yougoslavie, où la province du Kosovo (dans laquelle vivent 1,7 million d'Albanais de souche) « est transformée en véritable camp de concentration où règnent la violence et l'arbitraire ».

Il y aura bien encore quelques soubresauts. Le 22 janvier, le correspondant de la radio privée hongroise Newsreel Team entend des rafales de mitraillettes à Tirana, où il se trouve. Mais cet étrange correspondant dément le lendemain, parlant de « fausse information ». Le 25 janvier, Tanjug publie le témoignage de quatre Albanais réfugiés en Yougoslavie. A les en croire, les 11 et 14 de ce même mois, plusieurs milliers d'habitants de Shkodër ont tenté de détruire un monument à la gloire de Staline, au centre de la ville. Cette fois pourtant, on ne parle plus de morts, seulement d'une dispersion des manifestants « en quelques minutes », au moyen de grenades lacrymogènes.

C'est clair, l'affaire albanaise est retombée. Le 25 janvier, deux journalistes de l'AFP peuvent écrire de Tirana, où ils ont pu se rendre : « Un mois après la chute de Ceausescu et dix jours après des rumeurs faisant état de troubles en Albanie, il est manifeste que le gouvernement de Ramiz Alia et le parti du travail (communiste) albanais exercent toujours un contrôle incontesté sur l'ensemble du pays. Selon les témoignages concordant de plusieurs diplomates occidentaux en poste à Tirana, aucun soulèvement, aucune manifestation importante ne se sont produits, pas plus dans la capitale qu'à Shkodër. Il n'y a pas eu de mouvements de troupes et le nombre de sentinelles qui veillent sur le quartier réservé aux dirigeants albanais n'a pas été sensiblement modifié. »

L'épilogue viendra trois jours plus tard, le 28 janvier. On apprend d'Athènes que Yannis Kapsis, envoyé spécial de l'hebdomadaire grec *Vima,* a pu rencontrer en Albanie les quatre frères Prassos, d'où tout était parti. Ils sont vivants. La boucle est bouclée.

Que s'est-il passé, qui explique le bide albanais après le triomphe roumain? Sagaces comme vous l'êtes, vous aurez repéré que, cette fois, le violon yougoslave a joué en solo, multipliant les pizzicati ravageurs du début à la fin. Mais l'intox n'a pas marché, les Occidentaux ne l'ont pas répercutée avec le même enthousiasme aveugle que dans l'affaire roumaine, les Albanais ne sont pas descendus dans les rues. Tirana n'est pas devenue Tyrana dans la conscience du monde.

Il faut se rendre à l'évidence, pour que le cocktail devienne Molotov, quelques ingrédients majeurs faisaient défaut, en dépit de nombreux rapprochements qu'on pouvait être tenté de faire au début entre les situations roumaine et albanaise.

Je crois qu'il manquait un ogre à Tirana. On ne crée pas un ogre en quelques jours. Pour Nicolae Ceausescu, il avait fallu des années, et Dieu sait si ses traits présentaient pourtant des prédispositions à ce grimage extrême. Ramiz Alia n'offrait pas ces traits, si faciles à grossir. Et pour cause : sur la grand-place internationale, Ramiz Alia était – il le reste, d'ailleurs – un homme sans visage, un inconnu que nulle mégalomanie notable ne signalait à l'attention. Ce fut pour lui un atout incontestable; il vérifie le vieil adage « pour vivre heureux vivons cachés ».

Si l'on ajoute à cela la méfiance des médias occidentaux, échaudés par l'expérience roumaine, et qui sans doute pressentaient déjà le rôle détestable qu'on leur avait fait jouer, on a selon moi l'explication du flop albanais.

Le *remake,* donc, n'a pas marché. Mais je serais tout de même inquiet si j'étais dirigeant à Tirana. Je me dirais que c'est le moment ou jamais de faire preuve d'une vigilance accrue, d'avoir quelques intelligentes initiatives. Oui, je crois bien que pour décourager les provocations futures, désamorcer les bombes à venir, je prendrais les devants. J'enlèverais ces statues de Staline, ça fait mauvais genre. Et je m'inscrirais de toute urgence à des cours du soir de glasnost et de perestroïka, je suivrais en accéléré des séminaires de démocratie pluraliste. En m'empressant de vite le faire savoir à la ronde. Avec l'aide des médias, ils sont là pour ça, non?

Sinon, Ramiz Alia, tu cours le risque de nous voir rappliquer dans pas longtemps, avec nos sacs reporters, la brosse à dents pliable et tout. Déjà, en se quittant, Ricardo et moi, à Bucarest, car il devait rentrer à Paris, on se disait en rigolant : « Rendez-vous à Tirana. »

CHAPITRE 9

Ceausescoop, méditations d'un intoxiqué

S'il était journaliste, mon ami Élisée ne le resterait pas longtemps. Il doute trop, systématiquement. C'est un méfiant congénital, un ricaneur, c'est aussi, sous une moustache où le poivre et le sel se livrent bataille, une grande gueule qui ne se gêne pas pour l'ouvrir. Dans sa jeunesse, Élisée a parcouru le monde pendant quinze ans sur les bateaux de la marine marchande. Il a vu du pays. Il pourrait reprendre à son compte la célèbre tirade de Don César de Bazan dans *Ruy Blas :* « J'ai rencontré des femmes jaunes, vertes, bleues. » Je cite de mémoire, je n'ai pas la pièce du grand Victor sous la main.

Quand je suis rentré de Roumanie, j'ai bien fait rigoler Élisée. Moi, mon rire était jaune en l'écoutant, on rit de la couleur qu'on peut. Un samedi matin, dans le jardin Junot, qui est un des plus beaux de Paris, sur la butte Montmartre (Marcel Aymé y jouait aux boules), il accabla ma digne profession de diatribes que son humour rendait plus assassines encore.

– Ah, mon pote, qu'est-ce que vous avez pas écrit comme conneries, les journalistes! Pendant des jours j'ai regardé la télé, y avait qu'à s'asseoir dans son fauteuil du salon, celui du Grand Rex n'était rien à côté. Je comprends de mieux en mieux la crise du ciné, tu peux rien contre la télé. La révolution en direct, mon vieux, c'est ce qu'ils disaient, tous les Français croyaient revivre la libération de Paris. Sauf que là, à vous entendre, on avait en prime une guerre civile partout dans le pays; et t'aurais vu leur mine, à tous tes copains, graves, tragiques, ils tenaient leur sujet, crois-moi, on sentait bien qu'ils étaient pas près de le lâcher. Suspense et tout. Fallait les entendre : « At-ten-tion, on me dit que nous allons avoir dans quelques secondes les dernières images de la télévision roumaine sur les combats qui font rage. Vous savez que nous sommes en direct permanent avec elle et que nous vous diffusons aussitôt que nous les recevons les films tournés au péril de leur vie par les cameramen roumains. » Et les commentaires, alors là, je me marre, mon petit Mimi. Vous aviez ressorti Auschwitz, les SS, vous trouviez plus les mots : c'était l'horreur, l'infamie, la cruauté sans nom, la folie meurtrière, les fauves inhumains lâchés partout, ivres de sang, le peuple hébété, vous disiez des trucs du genre : voyez ces blessés, la froide nuit du meurtre obscurcit encore leur regard...

– Parce que toi, tu n'as jamais marché, tu fus le Superman de la lucidité, tu avais tout compris tout de suite?

Élisée ricane. Il lève les yeux au ciel. Ça fait rire sa femme, Maria l'Italienne, qui reste à ce jour la reine des poivrons marinés.

– Tu vas pas me croire, dit Élisée, mais dès le début, j'ai senti que c'était foireux. Demande à Maria (elle confirme). Et tu sais pourquoi? On nous refilait sans cesse les mêmes images d'un jour sur l'autre.

– Là, tu exagères!

– A peine mon vieux, vérifie, tu verras que j'ai raison. Tu voyais toujours les mêmes scènes, je me souviens parfaitement. Tiens, un blessé emporté dans un taxi, celle-là, si je l'ai pas vue au moins dix fois, je veux bien qu'on me les coupe. Le type aussi, au coin d'une rue qui montre le haut d'un immeuble à un soldat, et le soldat tire aussi sec dans la direction indiquée, mais tu sais pas trop sur quoi, lui non plus, je suis sûr. Attends que je réfléchisse. Ah oui, les gars sur la terrasse d'un autre immeuble, qui couraient entre des cheminées...

– C'étaient des images de combats.

– Admettons, mais des combats au petit pied. C'était aussi visible que le nez au milieu de la figure. Quand tu voyais ça, si t'étais pas trop con, tu te demandais vite où était la guerre civile. Vous balanciez sans cesse des milliers de morts, des attaques de la Securitate partout. Et nous, on voyait jamais ces attaques, on voyait jamais les morts qui tombaient sous les rafales; ce qu'on voyait, c'étaient quelques tanks, des gars qui tiraient sur un ennemi invisible. Et tout plein de curieux dans les rues, avec leurs sacs à provisions. Tu parles d'une insurrection populaire!

– Je regrette, mais on a montré des morts dans les hôpitaux.

– Je me souviens. J'ai vu vingt fois ce couloir d'hôpital avec des morts allongés. Ils étaient combien? Une douzaine. Vous auriez dû faire gaffe, les mecs. Je ne dis pas qu'il n'y a pas eu de morts, mais c'était clair dès le début que les bilans étaient délirants, bidons. Comme les charniers.

– Parce que tu t'es aussi méfié des charniers?

– Ah, les charniers! Je vais te dire. S'il y a quelque chose à quoi j'ai jamais cru, c'est bien les charniers. Tous ces corps éventrés et recousus, l'enfant sur la femme, lui aussi était recousu. Vous disiez qu'il y en avait 4 630 comme ça. Tu te rends compte, presque 5 000 corps martyrisés par ces dingues de « sécuristes ». Et vous, vous n'en aviez vu qu'une trentaine. Non, mon vieux, je regrette de te le dire, je t'estime et tout, mais cette fois, que ce soit à la télé ou dans les journaux, vous avez été nazes, vous vous êtes fait bourrer le mou, et vous nous avez bourré le nôtre.

J'ai rencontré depuis bien d'autres personnes. Non journalistes. Et je dois dire qu'à les entendre il semble bien qu'elles se soient en général méfiées beaucoup plus vite que nous. Nous passons pourtant pour être plus sceptiques que nos concitoyens moins bien informés; on nous crédite d'un sens critique aiguisé par le souci de comprendre en profondeur l'événement, de prendre du recul, de relever à chaque fois les contradictions, les invraisemblances. Eh bien non, cette fois nous avions perdu toutes ces qualités de base, c'est vrai nous avions été nazes, je fais partie du lot.

Avant de plonger dans ce chapitre méditatif, j'ai tenu à revoir les images dont parlait Élisée. Par chance, quelqu'un de ma connaissance les avait enregistrées systématiquement, au jour le jour. Six heures sur cassettes. J'ai dû me rendre à l'évidence, Élisée avait raison. Nous fûmes placés des jours durant sous perfusion, avec dans la veine un invisible cathéter alimenté par nos amis de l'Est, mués par nous en généreux donneurs de sang.

L'Est en première ligne de l'information! La nouveauté aurait dû pourtant nous mettre la puce à l'oreille. Nous avions en main toutes les cartes, toutes les données, pour nous méfier, faire preuve de ce recul salutaire évoqué plus haut. Nous connaissions parfaitement le contentieux roumano-hongrois, l'intérêt qu'avait Budapest à liquider le régime, le plus débile d'entre nous savait bien que, dans la chute des « dominos », rien n'aurait jamais été possible sans Moscou, qui en était le maître d'œuvre. Comment imaginer un seul instant que Solidarité ait pu accéder au pouvoir en Pologne, que le dissident tchécoslovaque Vaclav Havel ait pu finir président de son pays, si le Kremlin ne l'avait pas voulu ainsi? Nous savions tout cela, que le régime Ceausescu était condamné, et que, lorsqu'il tomberait, ce serait sur son maillon faible hongrois.

Nous savions tout, mais cela ne nous servit de rien. A peine enclenchée l'affaire roumaine, nous nous sommes empressés de jouer ce rôle de gigantesque paire de baffles esquissé dans le prologue de cet ouvrage. Nous avons répercuté l'intox en lui donnant un écho surmultiplié. Ce faisant, et cela requiert qu'on y songe sérieusement, nous sommes devenus, pour la première fois à ce degré, des acteurs de la manipulation. Oh, je sais bien que ce fut involontaire, et que la meilleure bonne foi présida à notre aveugle entrain; nous avons cru sincèrement aux mensonges qu'on nous faisait rapporter, nous avons été sincèrement scandalisés et horrifiés.

Mais il est impossible aujourd'hui de ne pas se demander comment une telle cécité fut possible.

Je vais dire le fond de ma pensée. Avec nous, l'Est jouait sur du velours. Pour ces champions de l'agit-prop, discipline aussi choyée que les échecs dans l'ancien bloc communiste, nous offrions de merveilleuses qualités de base. Je veux parler de notre mode de fonctionnement médiatique, de plus en plus obnubilé par la course au scoop et à l'Audimat. Car voilà bien notre grande faiblesse, notre péché qui n'est pas si mignon. Et quand se mirent à déferler les scoops que vous savez, qui se révélèrent autant de mensonges, nous ne fîmes ni une ni deux, nous en fîmes des « une », jamais des « deux ». Et quand vinrent les images, ce fut la révolution en direct, l'Histoire-spectacle. Dans les salles de séjour de millions de Français, les balles crépitaient, traçantes même, pour mieux éclairer le verre de whisky; si vivant tout cela, si intense, que plus d'un téléspectateur en pantoufles dut s'étonner de l'absence d'impacts sur la tapisserie et que toutes ses vitres n'aient pas volé en éclats. Enfoncés, *Dallas* et *Dynastie.* Quant aux pauvres Starsky et Hutch ou consorts des feuilletons à la mie de pain, ils prirent des allures de ringards. L'apogée bien sûr fut le procès des tyrans des Carpates, le 26 décembre. Ce soir-là, malgré l'heure tardive, l'Audimat se fit alpiniste. On atteignit le sommet. Une audience exceptionnelle, si l'on en croit l'Institut

Sofres-Nielsen : à 23 heures, un tiers des foyers était branché sur l'une ou l'autre des trois chaînes (TF1, A2 et la Cinq) qui le diffusèrent.

Oui, nous nous ruâmes sur le mensonge comme des enzymes gloutonnes. Nous le dévorâmes avidement, sans jamais faire preuve de la plus petite once de sens critique. Et n'allez pas croire que je fasse une fixation sur la télé. Ce que je dis ici vaut pour tous les médias, je n'exclus pas la presse écrite, non plus que les grandes agences, dont la mienne, qui furent en amont les premiers sous-traitants, les premiers « grossistes » du mensonge répercuté.

Il eût pourtant été facile de réfléchir. Cela nous eût permis d'apporter quelques bémols. Nous disposions ici encore de beaucoup d'éléments. Parlons des bilans. Ils étaient véritablement « incroyables ». Il nous suffisait d'établir quelques comparaisons pour le déduire, et le faire savoir. Quand les Hongrois lâchèrent le chiffre de 70 000 morts, nous eussions dû bondir. Nous rappeler que, pour le Liban, on estimait en 1987 à 100 000 le nombre des personnes tuées depuis 1975, début de la guerre civile. Nous aurions dû nous rappeler aussi qu'au Salvador, autre sanctuaire du sang versé, la guerre a fait, selon les spécialistes, 62 000 morts depuis 1980.

C'était assez pour entraîner le sursaut salvateur du scepticisme. Nous n'eûmes pas ce sursaut. Nous ne l'avons pas eu non plus pour les 5 000, puis 12 000 morts de Timisoara; non plus que pour les images des corps qu'on extrayait des charniers. Nous ne nous sommes pas demandé où donc avaient pu passer tous ces corps, dont nous n'avions jamais vu que quelques dizaines. Nous ne nous sommes pas étonnés de ce que pouvait avoir de contradictoire avec de tels bilans le caractère sporadique des combats offerts en retransmission, le nombre limité de victimes dans les hôpitaux. Nous avons préféré imaginer d'abracadabrants scénarios d'escamotages immédiats et massifs de dizaines de milliers de cadavres; sans même relever ce qu'ils avaient d'inacceptable pour le seul bon sens, en raison de l'invraisemblable organisation et mobilisation d'effectifs qu'ils supposaient. Les corps recousus ne nous étonnèrent pas, non plus que leur aspect ancien. Nous voulions Auschwitz à toute force. Nous eûmes donc Auschwitz. Nous étions intoxiqués, la drogue avait fait son effet, c'était une drogue d'Urss, pardon pour ce jeu de maux. Nous ne voulions plus voir la réalité, forcément nous ne l'avons pas vue.

Manipulés manipulateurs, nous en avons même rajouté. Nous avons multiplié les reportages moralisateurs sur les palais de l'ogre, ironisant sur l'étalage d'une richesse dont nous frappa le mauvais goût. Faudrait-il comprendre qu'avoir du goût pourrait être une excuse pour quiconque amasse indûment des richesses? Nous avons ouvert en ricanant ses vitrines, détaillé ses albums de photos éparpillés sur les planchers, les tableaux à ses murs, en déplorant leur côté pompier. Où donc étaient les Matisse, Soutine, Braque et Picasso? Nous nous sommes indignés sur quelques manteaux de fourrure abandonnés par cette « vieille sorcière » d'Elena. Ah, ces Ceausescu, quelle paire minable de paysans incultes et parvenus ils faisaient! Je sais bien que tout cela, au fond, était exact. Moi-même j'écrivis quelques lignes sur l'étalage de cette richesse ostentatoire, alors que le peuple survivait la vie qu'on sait. Mais c'était encore aveuglement d'intoxiqués. Pour être « justes », il eût une nouvelle fois fallu réfléchir, c'est le seul chemin de la lucidité. Et comparer. Songer aux fastes du Kremlin, fabuleux palais d'un régime qui règne sur un peuple dont la vie, que je sache, n'est pas marquée par l'abondance. Songer aux penderies de la si sympathique Raïssa Gorbatcheva, qui doivent bien aligner quelques renards et visons pas trop mités. Songer aux palais et datchas de tous les dirigeants communistes des pays voisins, devenus soudain si vertueux. Songer aux nombreuses résidences de Tito. Et tant qu'à être de véritables insolents, restons français : nous pourrions tenir rigueur à Mitterrand de ses dîners de cent couverts et plus à l'Élysée, alors que tant de chômeurs désespèrent dans le pays, dont certains s'immolent par le feu, comme on le voit ici et là, au fil des faits d'hiver. J'écris ce mot ainsi car cela fait froid dans le dos.

Mais c'était impossible, nous ne voulions voir que la seule abomination du pays de l'ogre. Les autres palais ne nous intéressaient pas, par avance ils étaient acceptables, et leurs princes légitimes.

Dans cette course en avant, le pire fut peut-être que nous avons été jusqu'à tresser des lauriers aux menteurs. Plus d'une fois ils ont dû rire, j'en tiens le pari. Nous avons écrit d'immortelles pages sur les agences, radios et télévisions des pays de l'Est. Nous nous sommes félicités de les trouver, pour une fois, à la pointe de l'information. Nous avons vanté les performances de l'agence hongroise MTI, de la yougoslave Tanjug; admiré leurs réseaux d'informateurs en Transylvanie et ailleurs; la rapidité avec laquelle leurs journalistes, mués en reporters prenant tous les risques, couvraient la révolution de minute en minute, sans s'embarrasser d'aucune prudence diplomatique à l'égard du régime roumain. Jamais, pendant le cours des événements, ne nous est venu à l'esprit le soupçon que cette efficacité pût être celle du mensonge.

Je reviens à notre péché à tous, qui fit de nous ces proies offertes aux maîtres de l'intox. Celui du scoop et du sensationnel. C'est de plus en plus la règle dans ce métier : celui qui a le plus de manifestants ou le plus de morts a gagné. Je passe sur les bidonneurs, toujours redoutables. Quel journaliste n'a pas vécu cette expérience! Vous venez d'envoyer votre papier sur une manifestation. Vous estimez la foule à dix ou quinze mille personnes. Vous l'écrivez. Jusque-là tout va bien. Ce que vous ignorez, c'est que le petit salaud de la concurrence en a compté cinquante mille. C'est le début de vos ennuis. Le téléphone va bientôt sonner. Ce sera pour entendre : « Dis donc, t'es sûr de ton chiffre, on est nettement en retrait, Machin donne le triple. » Oh, bien sûr, si votre maison est sérieuse, on n'exercera pas de pression. Mais ne recommencez pas trop souvent, vous passeriez pour un nul en arithmétique manifestationnelle, ce n'est jamais très bon pour la carrière.

Que dire alors quand il s'agit de morts, et qu'on baigne donc dans le tragique, cette étape suprême de l'émotionnel! Si j'étais cynique, ce qu'à Dieu ne plaise, je donnerais ce conseil : « Prenez garde aux morts, débrouillez-vous toujours pour avoir une courte tête d'avance. » Quitte à devoir réviser à la baisse un peu plus tard. On vous le reprochera, mais moins de toute manière que d'avoir toujours été à la traîne des cadavres, comme un coureur qui n'arrive pas à recoller au peloton.

Je suis sûr que vous aimeriez bien un exemple. J'en ai un, pas trop ancien. Vous vous souvenez tous du violent séisme qui ravagea le 17 octobre la baie de San Francisco. Terrible : 6,8 degrés sur l'échelle de Richter. Vous revoyez, j'en suis sûr, les images impressionnantes des voitures écrasées sur l'une des rampes du Bay Bridge, à l'entrée d'Oakland. Le 18 octobre, le gouverneur adjoint de Californie, un certain Leo MacCarthy, annonce que la catastrophe a fait 272 morts et 650 blessés. Mais certains médias américains mentionnent déjà le triple. Et voici que survient un épisode qui vous amusera. D'Ajaccio, où il assiste à un colloque sur l'avenir des îles dans la CEE, un de nos brillants ministres pulvérise le bilan de ce pauvre MacCarthy. Le tremblement de terre, dit-il, a fait « 600 morts identifiés ». Sa source? Des informations transmises par les autorités américaines au centre opérationnel de la Sécurité civile. Le ministre ne songe pas un instant à s'étonner que, même en visite sur la terre natale de Napoléon, il ait pu obtenir de Washington, avant les médias et le peuple américains, la primeur d'un aussi terrible bilan. Comme quoi, même les hommes politiques sont tentés d'être en avance, grisés par l'air du scoop. Pour la petite histoire, l'erreur, répercutée en toute bonne foi, tenait à un malentendu dans la transmission entre Paris, qui avait parlé de 600 victimes, et Ajaccio, où celles-ci étaient entre-temps devenues des morts.

On connaît la suite. Il n'y eut pas 600 morts, il n'y en eut pas même 272, MacCarthy aussi avait vu trop grand. Le dernier bilan est d'une soixantaine de morts, cela suffit déjà largement.

Et nous voici devant le problème de fond. Celui de la source. Le journaliste est l'homme du retour aux sources, du moins doit-il l'être. Il boit à la source, c'est son métier. Il doit faire attention à ce qu'il y boit. Si la source est polluée, par erreur ou malveillance, le journaliste s'intoxique, et avec lui tous ceux qui boivent ses paroles comme paroles d'Évangile. L'affaire roumaine n'est rien d'autre qu'une histoire de source polluée. Sciemment polluée.

Mais comment faire, direz-vous, pour prévenir la pollution? Je crois avoir pour l'essentiel répondu dans les pages précédentes. Mais je veux ajouter quelques mots sur un autre mot, un tout petit mot – une préposition nous dit le dictionnaire – qui me paraît des plus redoutables lorsqu'il est employé sans discernement. C'est le mot de la source, j'ai nommé « selon ». Le journaliste doit apprendre à faire « selon », c'est une composante essentielle de son métier. Il y a les petits « selon », les grands « selon ». Peu importe, quand un journaliste a trouvé son « selon », il est un homme heureux, comblé. Il est tenté de pavoiser, de ne pas aller plus loin et de s'asseoir en soupirant d'aise dans le confortable fauteuil du « selon ». Je lance une mise en garde : méfiez-vous des « selon ». Il y a de bons et de mauvais « selon », c'est selon. « Selon le journaliste présent sur place qui a pu assister aux exécutions », est un bon « selon ». « Selon des voyageurs rencontrés à la frontière, de retour du pays, et qui ont fait état de témoignages selon lesquels plusieurs personnes, dont des enfants, ont été passés par les armes », est un mauvais « selon ». Le pire des « selon », vous le connaissez tous : c'est l'homme qui a vu l'homme qui a vu l'homme qui a vu l'ours.

Tous les plus grands « selon » venus de Budapest et de Belgrade furent des « selon » mensongers, des « selon » du prêt-à-colporter. Je sais bien que la situation était difficile et qu'il n'y eut, pendant plusieurs jours, rien d'autre à se mettre sous la dent. Justement, il fallait d'autant se méfier. On pouvait bien écrire tout ce qu'on voulait « selon » MTI ou « selon » Tanjug; mais il fallait douter, aussitôt ajouter que rien ne confirmait leurs affirmations, qui semblaient par ailleurs fort étranges, voire pas du tout crédibles, pour telle et telle raison bien précise.

Non seulement nous ne l'avons pas fait, mais nous avons souffert, en bout de course, de la disparition des « selon ». Car c'est une des caractéristiques de ce petit mot, un phénomène connu de tous dans le métier : sa propension à se carapater dès que possible. Au point qu'on pourrait formuler ce théorème : tout « selon » d'une première information a tendance à s'évanouir dans la nature dès que celle-ci est reprise par un tiers, lui conférant ainsi le caractère d'une vérité absolue. Mettez-vous en peine de faire quelques recherches, vous vérifierez mille fois le théorème. Les

« selon » n'ont qu'un rêve : disparaître pour se fondre à la seule et unique source, la source sûre, qui est leur véritable paradis de lumière.

Oui, le « selon » est la pierre angulaire du journalisme. Et j'admets que, souvent, la décision est périlleuse, l'appréciation de la source redoutable. Fermez les yeux, faites un saut de deux mille ans dans le temps. Vous êtes correspondant de l'agence Roma Press, en poste à Jérusalem. On a crucifié voici trois jours un agitateur. Son nom? Quelque chose comme Jésus le Nazaréen. Et voilà qu'un de vos informateurs, excité comme un pou, vient vous trouver. Selon plusieurs femmes de la secte du Nazaréen, celui-ci aurait ressuscité. Son corps a disparu dans un éclair de lumière. Un ange se tenait à l'entrée du tombeau. Allez-vous donner l'information? Sur la foi de quelle source? S'agit-il vraiment d'un événement important? La concurrence est déjà au courant mais se tâte encore pour donner l'info. L'auteur du *Cid* n'est pas encore né, mais vous voici placé déjà devant un choix cornélien : céder à la plus folle des intox, ou faire un des plus gros ratages de l'histoire de l'humanité. A vous de jouer à présent.

Il existe une autre plaie. Je l'appellerai la prime au mensonge. C'est qu'une fois annoncée en grandes manchettes quelque énormité, on est fort peu enclin à donner plus tard une place égale à son démenti. Nous avons titré sur l'horreur génocidaire. Je n'ai jamais vu que je sache des « une » d'égale importance, pour dire ensuite que nous avions été abusés. Je n'ai pas vu, barrant la première page des journaux : « Pas de génocide en Roumanie, les juges de Ceausescu avaient menti. » Je n'ai pas vu non plus : « Les charniers de Timisoara : une macabre mise en scène selon des médecins de la ville. »

Je sais bien ce qu'il peut y avoir d'inconfortable à reconnaître qu'on s'est trompé, combien cela peut paraître humiliant. On y perd de sa crédibilité. Ne jamais « redescendre », toujours à la hausse et jamais à la baisse, la loi du genre est ainsi, mais c'est une porte ouverte à l'escroquerie : 60 000 morts font la « une », la négation ultérieure du génocide, au travers d'un bilan officiel de 689 morts, ne vaudra qu'un entrefilet en page intérieure.

On est tenté alors, et c'est le cas pour la Révolution roumaine, de se justifier; de considérer qu'après tout l'erreur véhiculée, sur la base ou non d'une intoxication concertée dont on fut la dupe, n'est point si grave puisqu'elle servit une juste cause. Et nul en effet ne peut nier que les maîtres du mensonge eurent pour objectif de liquider un tyran, qu'ils y parvinrent, et que nous prêtâmes finalement la main à une entreprise de libération d'un peuple trop longtemps asservi. Mais c'est une dangereuse consolation. Il faut refuser cette absolution hypocrite.

Nous l'avons lu dans tous les arides manuels de la profession : « l'honneur d'un journaliste », larirette larirette, est de servir le mieux et du plus près qu'il peut la vérité, surtout quand celle-ci n'est pas bonne à dire. Et donc de dénoncer toute propagande mensongère, toute intoxication, qui sont une aliénation de l'opinion. L'intoxication est l'ennemie mortelle du journaliste. Aujourd'hui elle servira une bonne cause, mais demain la cause sera moins bonne, après-demain douteuse, un peu plus tard ignoble. A bas l'intox. CQFD.

Le mot de la fin sera pour Élisée. On parlait pollution des sources. Il me lança : « Finalement, les journalistes, vous êtes moins bien que Perrier et Katell roc, vos sources peuvent être polluées à mort, vous pouvez intoxiquer toute la population, vous retirez jamais vos bouteilles des magasins. »

Merci, mon vieux, c'était bien envoyé. Quand on est un éditorialiste culturé, on appelle ça la flèche du Parthe.

Épilogre

L'auteur de ces pages avait des soucis. Il tournait ce matin-là une petite cuillère dans son déca, à la terrasse du Saint-Jean, célèbre café de la place des Abbesses, où plus d'une tête pensante vient tanguer incognito sous le roulis de ses pensées. Une question le tarabustait, à deux jours de la remise du manuscrit à son éditeur : fallait-il ou non écrire un épilogue? Il penchait pour la négative, mais des amis, premiers lecteurs privilégiés de ces feuillets dactylographiés, n'étaient pas du tout de son avis. A les en croire, un épilogue s'imposait, c'était absolument nécessaire, ils en connaissaient même le thème : une mise au point sur les crimes de Ceausescu.

– Tu comprends, disaient-ils tous, ton bouquin risque de passer pour une réhabilitation de ces salauds. Je ne dis pas que c'en est une, tu les allumes au fil des pages, mais tu sais comment sont les gens. Ils risquent de retenir simplement que s'il n'y a pas eu de génocide et de charniers, Ceausescu n'était pas si méchant. Je t'assure, vieux, finis sur les crimes. Souviens-toi du cadavre de ce journaliste retrouvé il y a quelques années sur le trottoir devant l'ambassade de Roumanie à Paris. Claude Cheysson en a même reparlé récemment. Le malheureux avait d'abord été torturé à l'intérieur de l'ambassade, puis assassiné et précipité par les fenêtres dans la rue.

L'auteur de ces pages était ébranlé. Il reconnaissait humblement avoir oublié de signaler cet assassinat.

– Mais, répondait-il, vous êtes d'accord avec moi que les crimes de sang ne sont pas la marque spécifique du régime Ceausescu. Si j'aborde ce sujet, pour être honnête, il me faudra aussi parler du fameux « parapluie bulgare », de sinistre mémoire. Le régime de Sofia ne s'est pas gêné lui non plus pour liquider quelques opposants à l'étranger. Je devrai aussi consacrer quelques lignes à l'attentat contre le pape en 1981. Aux crimes du KGB, de la Stasi, de Pinochet... Je n'en sors plus.

– D'accord, disaient à contrecœur les amis. Mais alors, développe plus longuement ce qu'avait d'insupportable et d'inhumain cette tyrannie. Insiste sur le culte de la personnalité, la mégalomanie, le caractère ubuesque : sur le fait que les crimes de Ceausescu sont de toute façon inexpiables; qu'il a réduit son peuple à la misère et au désespoir, qu'il l'a terrorisé, mis en fiches et sur écoute, qu'il a perverti, avili les esprits et les consciences pendant un quart de siècle. Qu'il faudra des années à ce peuple pour se remettre, retrouver sa mémoire et son identité, sa fierté, sa liberté, chasser les vieux démons de la collaboration.

Mais tout cela, pensait l'auteur, je l'ai déjà dit au fil des pages, cela va faire redondant.

Il y aurait bien une idée à développer, se disait-il ce matin-là devant son déca, ce serait d'insister sur la symbolique du sang qui n'a cessé de présider à la Révolution roumaine. Ce n'est peut-être pas pour rien qu'on est au pays des vampires. Ceausescu est devenu d'emblée un Dracula, même sa bouche grimaçante le desservait sur ce point, il ne lui manquait plus que deux canines rougies qui dépassent. Sous le signe du sang. Je suis sûr que dans la psychologie des masses le symbole a joué, se disait l'auteur. Il trouvait l'idée de plus en plus séduisante. Elle connaissait même une horrible vérification, avec la contamination de milliers d'enfants innocents atteints du SIDA, après avoir été transfusés dans les orphelinats. Oui, on pouvait parler pour la Roumanie d'une malédiction du sang, un sang vampirique et vénéneux. Mais l'enthousiasme de l'auteur faiblit d'un coup. C'est surtout, se dit-il, un sujet pour un spécialiste de la psycho-histoire. Cela nécessite des recherches, une savante exégèse. Un spécialiste, j'en suis convaincu, écrirait des merveilles en creusant bien. Mais moi, je n'en ai ni le temps ni les moyens, je resterais sec au bout de quelques lignes.

Et soudain, l'auteur eut une illumination. Il avait trouvé le joint. Formidable! On ne pouvait pas mieux tourner la difficulté. Il appela le garçon, paya son déca, rentra chez lui en sifflotant et se mit à l'ouvrage. Il écrivit trois pages d'affilée en expliquant pourquoi il ne voulait pas faire d'épilogue. Et quand il l'eut expliqué, l'épilogue était fait. L'auteur était content. C'était une bonne journée. Pour ces pages finales, il avait même trouvé un titre, facile mais trop tentant pour qu'on y résiste : Épilogre.

Table des matières

INTRODUCTION : Adieu Cendrillon 7

PREMIÈRE PARTIE
Le mensonge

1. Le procès 35
2. Vous avez dit : « Génocide »? 57
3. Les charniers perdus de Timisoara 65
4. Le « bateau » des mercenaires étrangers 75
5. L'énigme Securitate 85

DEUXIÈME PARTIE
Les maîtres du mensonge

6. L'orchestre jadis rouge 125
7. Scénario pour une révolution 141
8. Ça tire à Tirana 163
9. Ceausescoop, méditations d'un intoxiqué 173

ÉPILOGRE 189

CET OUVRAGE A ÉTÉ COMPOSÉ
ET ACHEVÉ D'IMPRIMER SUR ROTO-PAGE
PAR L'IMPRIMERIE FLOCH À MAYENNE
POUR LES ÉDITIONS ALBIN MICHEL
EN JUILLET 1990

AM

N° d'édition : 11352. N° d'impression : 29572.
Dépôt légal : juillet 1990.

Imprimé en France